ローカルブックストアである
福岡ブックスキューブリック

大井実

晶文社

ブックデザイン　平野甲賀
写真撮影　倉光　潔
編集　大河久典

ローカルブックストアである　目次

3　今日も店づくり、棚づくり

4　キューブリック・スタイル

5　くらし、ローカル、しごと

はじめに

２００１年に福岡市のけやき通りに小さな本屋を開いて15年が過ぎた。

たかだか15年くらいとは思うが、まだ若者気分を引きずっていた30代の終わりにスタートし、55歳という紛れもない「本屋のおやじさん」になった今、その間の意識の違いは大きい。昭和の昔ならそろそろ定年になってもおかしくない歳だが、まだまだ事業としては道半ば。もし今すぐ隠居しろといわれたら途方にくれるだろう。

今でこそ、本屋という地域密着の商売をやっているが、小さい頃から転校が多く様々な場所を転々としてきた。まるで流れ者のような人生だった。そのせいだろうか、30歳を過ぎる頃から、どこかローカルな都市に腰を落ち着け、その地に根ざした地道な仕事をしたいと思うようになった。

本屋の跡取りでもなく、本屋で働いていたわけでもなく、どうしてもやってみたくて、まったくのド素人から、周りが止めるのも聞かずに強引に始めた店だった。それが、生まれてから小学校に入るまでと高校時代を過ごした町、福岡であったのは本当にたまたまだった。

ほぼ20年ぶりに戻った町で、まっさらなところから、手探りしながら準備を重ねていった。その過程においては、東京や大阪でいくつかの仕事を経験し回り道をしたことが、結果的には役にたった。開業に至るまでは決して平坦な道のりではなかったが、いくつかの偶然や幸運も作用してなんとか壁を乗り越え、無事に船出を果たすことができた。

ただただ、自分の居場所を作りたい一心で始めた本屋だった。高校卒業以来、福岡を離れていたので、社会人になってからの知り合いはほとんどいなかった。それが店を始めて以降、次々と交遊関係が広がり、そんな交流の中から、２００６年から毎秋に開催を重ねている「ブックオカ」という本のお祭りが生まれてきた。

２００８年にはカフェ併設の箱崎店を開店し、トークイベントや展覧会を頻繁に開催するようになった。雑貨や催事などとの複合実験のつもりだったが、２０１６年からは本格的なパン工房も併設して焼きたてのパンも販売している。

会社勤めの時代のような精神的なストレスを感じることなく楽しい本屋稼業を続けてきたが、開店当時から叫ばれていた「出版不況」は、好転するどころか、悪化の一途をたどるばかりである。

私が2001年に店を開いて以降、同じように個人レベルで新刊書店を開業した例は、全国的にもほとんど見受けられなかった。その理由も本書に書かせていただいたが、最近になってようやく新規開業する仲間が増えてきたのは喜ばしいことである。

そんな後に続く人に多少でも役立てばと思い、過去の恥の記録ともいえるような文章を書き連ねてみた。開業にいたる過程は、今思い返してみても不思議な偶然が積み重なった強烈な体験であったので、記憶が薄れる前に記録しておこうとは思っていた。

人様に誇れるような計画性もなく、運や縁に任せた結果のようで、恥ずかしい限りだが、なるべく包み隠さず書くようにつとめた。同じようにやればできるなどと言うつもりもないが、その時々で私が、どんなことを考え、どんな行動をとったかという記録は、何らかの参考にしてもらえることだろう。

なにはともあれ、私が、2001年から始めた本の旅をご一緒に楽しんでいただければ幸いだ。

1 開業前夜

15坪の小さな本屋

店を出したけやき通りは、福岡市の中心街・天神から西へ歩いて約10分、その名のとおり樹齢80年近い立派なけやき並木が続く大きな通りだ。歩道はゆったりとしており、周囲には小さなギャラリーやブティックのほか、大濠公園や市美術館などの文化施設も点在する。散策にもぴったりなので、福岡でも有数の人気エリアだ。

住宅街や商店、事業所などが混在している地域で、東京でたとえて言えば代官山のような感じだろうか。そんな雰囲気に惹かれて、福岡に戻って物件探しを始めた頃から目を付けていた通りだった。念願叶ってこの物件と出会えるまでには、いくつかの紆余曲折があったのだが、それは後ほどお伝えしたい。

店の大きさは約15坪で、バックヤードを除いた売り場面積となると13坪しかない小さな本屋だ。こぢんまりとした店内ではあるが、町の本屋に求められる幅広いジャンルの約1万冊におよぶ本がギュッと詰まっているのがうちの店の特徴だ。雑誌はもちろん、料理書や旅行書、ビジネス書や文庫・新書から文芸書に一般書、さらには児童書や絵本、アート、建築など、新刊から定番まで、ひと通りのジャンルは揃えている。

　どんな店かとよく聞かれるが、そんな時は、「セレクトショップ」といった言い方があまり好きではないので「小さな総合書店」と説明している。小さい店なので、在庫を絞らないと物理的に収めきれないということもありセレクトするのは当たり前だが、かといって、趣味性の強いマニアックな店にはしたくなかった。地域に根ざした町の本屋でありながらも、よく見ると、深い世界に誘（いざな）ってくれる水先案内人のような本がしっかり揃っている。そんな店にしたかった。


　私が物心ついた1970年代は、今のように何千坪といった巨大書店チェーンは存在せず、個人経営の20〜30坪くらいの町の本屋が主流だった。当時の小学生が夏休みに長時間居られるクーラーの効いた場所が他になかったということもあって、小さい頃から本屋には日常的に出入りしていた。今から思えば、ドアを開けた瞬間のヒヤッとした空気とインクや紙の匂いに、何ともいえないエクスタシーを感じていたようだ。

　中学から高校、大学と進学しても変わらず本屋は自分にとって心が落ち着く居心地のいい場所だった。社会人になってからも待ち合わせの場所は必ず本屋だった。当時は携帯電話などまだ影も形もなく、連絡するすべがなかったので結構待たされたりすることも多かった。本屋ならそんな時でも気にせずに時間を過ごすことができるのがなによりも嬉しかった。

本屋が大好きで、行くたびに雑誌以外に、書籍や文庫も買って3000円くらい使う。そんな生活をずっと続けてきたので、自分が本屋をやるなら、それらをコンパクトに揃えた町の本屋をどうしてもやりたかった。そんな自分の城とも呼べる念願の店を持てたのは、ぎりぎり30代の39歳の時だったが、本屋を開こうと決めてからはすでに4年近くの年月が経過していた。

「2001年本屋の旅」が始まった

けやき通り店が開店したのは、2001年の4月22日。「よい夫婦の日」、「アースデイ」の日にあたっている。もちろんこれを狙って開店日を決めたわけではなく後から調べて判明したことだが、受けがいいので結構いろいろなところでそんな説明をしている。

店名は映画監督のスタンリー・キューブリックから拝借させてもらった。店を始めるにあたって、思い浮かべたのが、彼の代表作『2001年宇宙の旅』だったからだ。200

ブックスキューブリックけやき通り店

1年から本屋という旅を始め、人々を本の旅に誘いたい。そんな思いを込めたかったのだ。とは言うものの、この店名に落ち着くまでには100ちかくもの候補を出した。何であれネーミングというのは難しい。あまり意味に凝りすぎても覚えてもらえない。かといって覚えやすい名前でも、由来を訊かれて「響きがいいから」としか説明できないのもつまらない。そんなことを考えているうちに数ヶ月が過ぎたある日の午後、シャワーを浴びている時に突然閃いたのが『2001年宇宙の旅』だった。もちろんキューブリックの映画は大好きだったが、この名前に決めたのには、いくつかの理由がある。

キューブリックは、生涯にわたって芸術性を追求し続けると同時に、商業的にも成立させた完璧主義者だ。ふつう芸術性を追求して、こだわりすぎると、難解になったり予算がかかり過ぎたりして興行的には失敗することが多い。しかし、彼はそんな失敗もなく、生涯コンスタントに映画を製作することができた監督だった。そんな彼にあやかって、自分もこだわりと商売の両立をはかりたいと考えたからだった。

それに、本に関心のある層であればキューブリックの名前は当然知っている。覚えてもらいやすいだろうという計算もあった。ところが、これに関しては読みが外れたようだ。最近、大学の授業に呼ばれて本に関する話をする機会があるのだが、自己紹介を兼ねてキューブリックの説明をしても、見たこともないし聞いたこともないという生徒ばかりで、何度も愕然とさせられた。もうこのまま帰らせてもらおうかと思ったくらいだ。現代のように情報が溢れかえる時代では、いくらいいものでも、意識的に語り継ぎ、紹介し続けない限り、恐ろしいスピードで忘れられていく。そんな現実に直面させられた体験であった。

開店の日は、まさに「ピーカン」と呼べるような快晴の日曜日で、朝から知り合いが集まってくれた。シャンパンを持って来てくれた同級生のI君に店内一番乗りをしてもらおうと、開店予定時間の直前にドアの前で並んでもらったら、横から別のおじさんがすっと入って来た。

思いがけない来訪者は、高校時代の恩師H先生だった。駆けつけてくれた知り合いの中で一番嬉しかった。高校は、地元の進学校に通いラグビー部の練習に明け暮れる毎日で、学校の授業にはあまり興味がわかず、成績もまったく振るわなかった。そんななかで唯一大好きで尊敬できる先生が2年の時の担任H先生だった。担当していた国語の授業の内容はさっぱり記憶していないが、泰然自若としたその存在感に惹かれていたのだろう。RCサクセションに「ぼくの好きな先生」という歌があるが、まさにそんな感じだった。だから開店の日に来ていただき、少しだけ恩返しができたような気がして嬉しかったのだ。そんな先生も開店から数年後に亡くなられたが、葬式ではいい歳をしてみっともないと思いつつ、溢れ出る涙を止めることができなかった。

「町の本屋」を行脚して

最初に思い立ってから実際の開業に至るまでの間は地元の本屋でアルバイトをしたり、各地にあるユニークな店を訪ね歩いて開業の構想を練っていった。

本屋を始めるくらいだから、まずは本に当たれとばかり本屋関連の本を20冊近く読んだ。なかでも印象に残ったのが『物語のある本屋』（アルメディア）だった。各地のユニークな本屋が紹介された本で、その中には今ではなくなってしまったところもたくさんあるが、最も訪ねてみたいと思ったのが鳥取の定有堂書店だった。

定有堂書店は鳥取駅から徒歩10分ほどの商店街の一角に、１９８０年、店主の奈良敏行さんが独立開業した店だ。１９４８年生まれなのでちょうど団塊の世代にあたる奈良さんは、長崎の出身で早稲田大学に進学したが、当時は学園紛争の真っ只中。哲学や思想を学びたくて大学に入ったのにまともに授業が行われないことにフラストレーションがたまっていたという。そうした思いもあって、大学を卒業後、働きながら友人と哲学サークルを主宰していたそうだ。

その後、奥様の実家のある鳥取にJターンして商売を始めようという話が出た時に考えたのが、本屋か喫茶店だった。たまたま取次会社(とりつぎ)（書店と出版社をつなぐ本の卸問屋）の日販に知り合いがいた関係で、ある書店を紹介され、アルバイトをしながら実務を覚えて鳥取に行った。地縁もなく、知り合いもいないので、開業前にタウン誌の編集部に遊びに行き、本屋をやることを伝えたら喜んでくれて、宣伝はおろか開店準備まで手伝ってくれたという。

ところが、いざスタートしたお店の品揃えは取次まかせのものだったので、お客さんに面と向かって否定された。

「本好きが始めた本屋という割にはたいした本が揃ってないね」

「では、どんな本があれば嬉しいですか」。素直に尋ねるところがなんとも奈良さんらしい。そのときお客さんが挙げたのが、晶文社の本だった。すぐに、日販の担当者から連絡をとってもらったところ3ヶ月で130冊くらい売れれば特約店にするという回答。件(くだん)のお客さんにその旨を伝えたところ、たくさんの知り合いに紹介してくれて、見事その基準をクリアしたという。

定有堂書店のキャッチフレーズは「人文書でお友だち」だ。そんなキャッチフレーズを掲げて地元の本好きなお客さんとコミュニケーションをとりながら一緒に店作りをしている様子がすばらしいと感じた。実際に開業の頃からお客さんを書き手に迎えたミニコミを発行しているのがすごい。開業前から哲学サークルの仲間たちと同人誌の発行もしていたので自然な成り行きだったという。今でこそ、書店発のフリーペーパーは珍しくないが、定有堂書店はそれを開店当初の80年代のはじめから続けているのだ。まさに先駆的な存在である。

2階の事務所横のスペースを使ってお客さんが参加できる「定有堂教室」というサークルを早くから始めていたのにも強く興味を引かれた。最初のイベントが「タルコフスキー映画を見る会」だったというのにもグッときた。

福岡に戻る直前、私は大阪で野外能舞台やギャラリーの担当者として、催事を企画しながら、地域の文化新聞を発行していた。本屋を経営しながらこうした活動を続ける奈良さんに興味を持ったのは半ば必然であった。

自分と同じように、東京からローカルな都市に行き、独立開業の本屋を構えミニコミを作るように丁寧な店作りをしている姿が理想だった。手紙を書いて訪問の意思を伝えたところ快く会ってくれ、親切にいろいろとアドバイスをしていただいた。

2016年に東京の荻窪にできた話題の新刊書店、本屋 Title の辻山良雄さんが開店に先立ってのブログで、光栄にも、参考になった本屋として当店の名前を挙げてくれたことがある。自分にとってのそんな存在が、定有堂書店の奈良さんだった。

本屋をやりたいと言って相談した業界のほとんどの人からは、やめておけと言われたが、奈良さんだけは「がんばろうよ」と言ってくれた。やっていない100人の意見より、実際にやっている奈良さんの一言のほうがはるかに心強かったし、「無人の荒野を行くわけではないんだ」と思えたことは、先が見えず不安な時期の大きな心の支えになった。

その後、プロジェクトが進み、取次との契約交渉のなかで心が折れそうになった時、どうしても行きたくなったのも定有堂書店だった。ただその場所に立って空気感を確かめたかっただけなのだが、開業直前なので細かい質問がたくさんあるだろうと予想していた奈良さんは、私があまりにも質問をしないので、何のために来たのか訝ったようだ。その後、奈良さんから届いた手紙には「右か左か迷った時は、まっすぐ行くのもいい」と書かれていた。心に響いたありがたい一文だった。

開業前にアルバイト修業

37歳の時、ほぼ20年ぶりに、ほとんど身ひとつの状態で、生まれた場所である福岡に戻ってきた。本屋を開くことだけは決めていたが、もちろん、いきなり始められるわけもない。実地修業として、まずは書店でアルバイトすることを考えた。

福岡の書店事情などまったくわからないので、求人募集の有無に関係なく、電話帳の上から順に片っ端から電話をかけていった。そして、ちょうど募集をしていた天神の老舗書店に「本屋を開きたい」という熱い思いをしたため、履歴書を送った。ほどなくして店長に呼ばれたので、採用の知らせかと喜んで会いに行くと、「本屋になりたいなんて馬鹿なことはおやめなさい」という忠告と説得が待っていた。

「君は今、小さな本屋がばたばたと潰れているのを知っているのか」と問われたので、「もちろん知っているが、どうしてもやりたい」と訴えた。福岡に戻る前に大阪で100人以上も集まっての大掛かりな送別会を開いてもらっていて、そこで本屋をやると宣言していた手前、試しもせずに断念するわけにはいかないという事情もあった。幸い、店長はとてもいい方で、社員が全員私より年下であることがネックなので、彼らの了承を得られたら採用してもいいと言ってくださった。その後社員に諮(はか)ってくれて無事採用の運びとなった。

こうして働き始めたものの、仕事は初日からとてつもなくハードで、昼休みには軽い吐き気を覚えたほどだった。新しく人が入っても長く続かない職場だと聞いていたが、真夏にクーラーのない部屋で売れ残った雑誌を返品するための紐(ひも)かけを50箱なんて日もあった。しかし、このアルバイトを通じて、書店業界の特殊な仕組みや日々の業務などを現場で学ぶことができたのは本当に貴重でありがたかった。

特に、雑誌担当としての業務で得られた知識は自分の店で置く雑誌のリストを作成する上で役立った。雑誌はありとあらゆるジャンルのものがあり、タイトルを聞いただけではどんなものか推測することさえ難しかったりする。各ジャンルで一番売れている雑誌とその対抗誌、二番手雑誌などをグループ化して覚えておくことが重要だ。町の本屋にとって『コロコロコミック』や『ちゃお』などの子ども雑誌が大事であることもこのときの体験から学んだことだ。一見、うちのような大人っぽい感じの店にはそぐわない印象があるが、それこそお小遣いを握りしめて発売日に駆けつけてくる子どもたちの姿を見るとやはり置いておかなければと思ってしまう。

また、どんどん入ってくるものをどんどん返すという返品作業の虚しさも、それこそ体で感じることができた。当時は、一般の雑誌以外、ムックも書籍も一冊ずつ返品伝票に記入していたので、その手間はかなりのものであった。幸いこれらの作業は、うちの店を開く頃には必要がなくなったが、店舗運営においては、いかにルーチン作業の手間を減らし品揃えや陳列に工夫をこらす時間を確保するかが大切だ。書籍や雑誌は、委託条件のもと、仕入れたものが売れなければ自由に返品することが可能だが、そのメリットとデメリットをよく認識しておくことも必要だと学んだ。

物件との運命的な出会い

書店でのアルバイトを朝8時から午後3時まで続け、それが終わった後は、物件を探すために自転車に乗って福岡中をひたすら走り回るという生活を続けていた。以前福岡に住んでいたとはいえ、まだ行動範囲も広くない高校時代のことだった。当時は東区在住で中央区などの中心部にはさほど土地勘もなかったこともあって、地域の感じを摑むのに自転車での徘徊は最適であった。

物件探しは、立地の良さを取れば人通りは多いものの当然のことながら家賃が高く、家賃の安さに惹かれて郊外に行っても自分の思い描く品揃えが受け入れられにくいというジレンマに悩みながらの活動だった。「空き物件あり」の看板を見つけては問合せをしたり、お目当ての地域の不動産屋に行って相談したりを繰り返すうちに、いい物件はいわゆる市場に出る前に決まってしまうというようなことも徐々にわかってきた。

物件探しで難しいのは、同じゾーンでも道一本の違いで人通りが大きく違ったり、同じ物件でも業種によって向き不向きがあったりと、一概にいい物件、悪い物件の判断がつきにくいという点だろう。だから、自分の業種の特性を考え、多くの物件を比較検討しながら見極める目を養うことが大事だ。ただ、あまりたくさん見すぎると逆にどれがいいのかわからなくなってくるという点では、お見合いと共通する部分があるようだ。

朝からのアルバイトと夕方からの物件探し。そんな生活を続けている最中に結婚をした。新居も決まり、引っ越しの準備も着々と進んでいった。それなのに、本屋物件のほうはこれだと思えるものに出会えない。そろそろ物件を決めないと永遠に店を開けないのではと、軽くあせりを覚えるようになってきた。アルバイト生活もそろそろ1年ちかくが経とうとしていた。

そんなある日のことである。いつものように自転車で物件探しをしていた冬の午後。大きな橋のたもとにあった建物が気になって眺めていたら、中から出てきたおじさんに声を掛けられた。そこは、向かいで建設中のビル工事の現場事務所として使われていて、その男性は現場監督とのことだった。書店をやれる物件を探していると話すと、監督は、上にオーナーが住んでいるので紹介しようと言ってくれた。それまでの経験から市場に出回る前に物件を押さえるのが大事と学んでいたので、ついに来たかと喜び勇んでオーナーに会うと、本屋さんが入るのは大歓迎とのこと。向かいのビル工事がそろそろ終わるので募集を掛ける予定だったが、そうせずに仮押さえしておくという返事に飛び上がらんばかりに喜んだ。

商工会議所主催の創業者向けセミナーに参加したのは、その数日後のことだ。このセミナーは3週にわたって開催され計36時間にもおよぶ授業を無料で受けさせてもらえるという豪勢なものだった。国民金融公庫（現・日本政策金融公庫）へ提出する事業計画書の作成方法など実践的な内容が多く、起業を控えていた身にとっては大変役に立つ貴重な体験であった。

セミナーの最初の授業がランチェスター法則の経営戦略で全国的にも有名な福岡在住の経営コンサルタントの竹田陽一先生だった。私は当時、竹田先生のことを知らずに受講したのだが、小さな会社が戦うには、大きな会社の真似をせずゲリラ的にやることが大切だという内容は心に響く、とてもためになるものだった。

その授業も終盤にさしかかった頃、立地の話になった。それによれば、かなりの確率でうまくいかないのが「橋のたもと」と「坂の途中」の物件だというのだ。さらに具体例として、ひとつだけあがったビルが、まさに私が仮押さえしていた物件だった。動揺しながら授業が終わると、先生の著書を抱えて、引っ越したばかりの新居へ転がるように帰宅した。その日の授業の内容を妻に話したところ、引っ越し荷物のダンボール箱から皿を出しながら聞いていた彼女が驚きの声をあげた。その皿を包んでいた新聞紙に先生の著作の広告が載っていたからだ。こんな偶然が続くだろうか？　どんな鈍感な人間でもわかるような符合で、これは、あの物件はやめろという啓示だと思った。

そんなことがあった直後に今の物件と出会うことになる。

橋のたもとの物件は、人通りはさほど多くないが、大通りに面していてよく目立っていた。その割には家賃が安いという理由で押さえた物件だった。本命のけやき通りは、出店したい候補の筆頭だったが、家賃が高いので半ばあきらめかけていた地域だった。

ところが、現在の店がある場所の前を通りかかった時に、「予定建築物のお知らせ」と書かれたプレートがかかっているのが目に留まった。そこは銀行の寮があった場所で、コンクリートブロックの殺風景な塀が建っていたのだが、見ると大規模マンションの開発で1階に店舗が3軒入ると書いてある。急いで向かいにあった販売事務所に飛び込んで話を聞くと、賃貸ではなく分譲物件だった。まだ価格がようやく決まったところなので、詳細はしばらく経ってから問い合わせてほしいとの返事。矢も盾もたまらずインテリアの仕事をしていた妻に建築関係の知り合いをあたってもらったところ、運よく販売事務所の所長を紹介された。そして、会った翌日には手付金を振込んで物件を押さえてしまったのだ。

当然のことながら、当初は賃貸で考えていた事業計画の大幅な見直しを伴う。それにもかかわらず、物件購入を即決することができたのも、偶然の符合が重なったことによる。自宅に戻って眺めていたパンフレットに書かれていた販売会社の設立年月日が私の生年月日とまったく同じだったのだ。先のセミナーに引き続いて起こった偶然の一致に運命的なものを感じてしまったことで、迷いなく素早い決断ができたというわけだ。

その後、セミナーで作成方法を教えてもらった資料を持って国民金融公庫と県の制度融資に申し込んだ結果、無事に2000万円ほどの融資を受け、事業資金に回すことができた。それも15年というかなり長い期間での借入れだったので、普通の家賃を払うより安くあがっているのが、厳しい環境の中、今まで続けてこられた大きな要因となっている。

仮に商売がうまくいかなくても、物件を賃貸に出せば返済金額以上の家賃収入が見込めるのでリスクは回避できるという計算もあった。本屋は利益率の低い業種だということはよくわかっていたので、そんな安心材料のようなものがあれば思い切って勝負できると考えたのだ。

数週間の間に起こったこの一連の出来事によって大きく夢の実現に近づいたことになる。まるで作り話のようだが、どうしてこんな偶然の符合が続いたのかは今考えてもはっきりとはわからない。ただ、本屋をやりたいと「強く願っていた」ことは疑うべくもないし、もう後がないところまで追い詰められていたことも間違いなかった。

最後の難関は取次の口座開設

最初からけやき通り周辺で出店したいと考えていたと書いたが、これは、天神のど真ん中の書店でアルバイトしていた経験と、自転車で福岡中を走り回った経験から出てきた結論だ。天神の書店でアルバイトをしていた時は、忙しすぎてお客さんとコミュニケーションをとることができなかった。大量に入荷してくる商品を捌くため、時にはお客さんを押しのけながら作業をしなければならないような状態だった。そんな環境で忙しさに追われて仕事をするのは嫌だった。かといって、完全な郊外だと、ファミリー向けの品揃えにせざるを得ず、自分がこれまで影響を受けてきた文芸やアートをはじめ、得意なジャンルを展開しづらくなる。

けやき通りという場所は、その中間的な位置にあって、ちょうどよかった。天神からも徒歩圏内にあり、繁華街と住宅街の中間で、商店やオフィス、住宅や緑が程よく調和している絶妙な立地に魅力を感じたのだ。

そんなけやき通りで無事に物件が見つかり、内装の計画や置きたい本のリストを整備しながら着々と開業に向かっていたが、まだ最後の難関である取次との契約が残っていた。

最近になってようやく新刊書店の開業が目立つようになってきたが、それまでは本好きで本屋をやりたい人は、古本屋を開業するというのが一般的だった。小資本で始めやすく、ネット販売との相性もよいからとも言えるが、最大の理由は新刊書店を開業するにあたっての取次との契約条件が厳しすぎることにある。

私の場合も古本屋の開業を検討したが、「地域に根ざす町の書店」という理想のイメージがあり、雑誌がしっかり揃っている店をやりたかったので、取次との契約は避けて通れないとの結論に達した。そこで、取次数社に打診をしたのだが、どこも条件は横並びで、推定取引月商の3ヶ月分の保証金の支払いもしくは担保の設定、かつ連帯保証人3人という条件であった。

そこで、事前に会社をつくり自分を最初の連帯保証人とした。2番目に実の父親、最後に妻を頼り、連帯保証人の条件をなんとかクリアした。もっとも最後の保証人に関しては、当然引き受けてくれるだろうと軽く話して新婚早々ケンカになりかけたという余談もある。ともあれ、そのぐらい連帯保証人というのはきつい制度だ。『ナニワ金融道』の青木雄二さんも言っていたが、やはりこの制度は日本の若者の夢を阻害している大きな要因であるような気がする。

これらの厳しい条件を何とかクリアできたのは、購入した物件に担保を設定できたので現金（保証金）の持ち出しがなかったことと、結婚していたというのがやはり大きかった。実の親や配偶者には頼めても、普通は友だちに保証人は頼めない。新規開業する書店が増えないというのは、相当その部分がネックになっているのは間違いない。

2014年夏に、NPO法人本の学校のシンポジウムで「いま、本屋をやるには」と題したパネルディスカッションに参加した。そこで、この保証金と保証人の問題を取り上げて、新規の書店を増やそうという考えが業界全体にあるのなら、この問題を放置しているのはおかしいと訴えた。その甲斐あってか、翌年に私が開業を手伝った2軒の本屋は、保証金が私の頃よりだいぶ下がったので、これまで新刊書店の開業をあきらめていた人にも少し希望が持てる時代がやってきたようだ。

店舗デザインは夫婦協同で

「小さな総合書店」を標榜し、15坪の空間に多くのジャンルを凝縮して詰め込んでいるが、訪れるお客さんからは、不思議と狭さは感じずゆったりした印象があるとよく言われる。

店内の内装設計は、インテリアデザイナーである妻と一緒に行った。まだ子どもを授かる前だったこともあり時間はたっぷりあったので、二人で各地を旅行した。行く先々で本屋めぐりを繰り返し、本の見せ方や棚のつくり、角度など、さまざまなポイントで研究を重ね、一緒に空間をつくり上げていった。私から彼女へのリクエストは、木の床と木の棚、白熱灯の照明、スチールのサッシという部分だけだった。

木の床にこだわったのは、木造校舎のキシキシ鳴る廊下にノスタルジーを感じる世代というのもあるが、長時間立って働くスタッフの疲労が軽くなるという理由も大きかった。

少ない人数で回しているので、床の音でお客さんの動きがわかるというメリットもある。

書店の照明といえば、蛍光灯で全体を照らすのが一般的だが、それでは味気なくて嫌だった。目が疲れない白熱灯の照明を採用して、書斎にいるような寛ぎを感じながら長く滞在してもらえる居心地のいい本屋にすることを目指した。

サッシに関しても、アルミよりペンキで塗装した鉄の質感が好きだった。店舗面積のわりには広い間口を一杯に使って大きなガラス窓をはめ込んだ。その窓に沿って、低めの棚を設置し、外に向けて雑誌をディスプレイするようにした。狭い店なら入口面にも高い棚を入れてより在庫を置けるようにするのが普通だが、外から見ても心動かされるファサードを作ることが大事だと考えていたので、そうはしなかった。

以前イタリアで暮らしていたことがあって、その時に印象に残ったのが、個人商店が、必ずショーウィンドウで外に向かってディスプレイをしていたことだったからだ。こういった個人商店の集積が、町の雰囲気づくりに貢献していると感じていたので、ディスプレイスペースを設けることは最初から決めていた。

全体的なデザインは、新しさ、かっこよさよりも、飽きのこない、ちょっとクラシカルなテイストにした。その甲斐あって、お客さんからも、よく居心地がいいと言ってもらえる。なによりも働いている自分やスタッフにとって心地よい空間を作ることを第一とした。自分のように土地を転々としてきた人間にとっては、究極の満足感を得られる場所でないと、飽きてまたどこかに行きたくなってしまってはいけない、とも考えたからだ。

ただ、潤沢な資金があるわけでもないので、いかに質感を落とさずローコストで仕上げるかを一生懸命に考えた。

いちばん経費がかかる棚の部分を安くあげたいのならばスチールの既製品を使うのが常道だが、どうしても木の棚にしたかったので、モルタルの壁に帆立て（側板）を直接ビス止めする設計にした。こうすることによって背面の板が必要なくなる。また、工場で組立てず分解して運ぶことができるので、輸送コストが安くあがるというメリットもあった。結果的には400万円程度の費用で納まり、木の棚を設えることができた。ベースの部分をスチールにして表面の見える部分だけ木を貼るという方法なら、もっとローコストで仕上がっただろうとは後から考えた。

床は当時、妻が一緒に仕事をしていた熊本・小国（おぐに）町の大工さんに相談したところ、近くの製材所で杉材を4センチの厚さに加工してくれた。それを運搬し、さらに現場での張りあげまで行ってもらって、たったの50万円。破格の値段で引き受けてもらうことができた。張りあがったばかりで、まだ棚もトイレもないまっさらな空間はまるで小さな舞台のようで、モダンダンスや舞踏の公演をやったら素敵だろうという考えが一瞬浮かぶほど、見事な床張りだった。張りあがった床にオイルワックスを塗るのは、友人にお願いして一緒に行った。その際にあまった床板を組み合わせて作った店の看板が今でも軒先テントの上に納まっている。

その他、壁塗り、天井張り、電気設備、照明、空調、給排水工事など店舗を開くには様々な経費がかかる。これらの工事もマンションの建設を担当したゼネコンに全体工事の一環として頼んだので、相場よりだいぶ安く仕上がったのは幸いだった。

ロゴやブックカバー、栞などは、近くに住んでいた知り合いのグラフィックデザイナー岩下健作さんに依頼し、まとめて制作してもらった。堅さとしなやかさのバランスが絶妙なロゴを、15年たっても飽きることなく使い続けていられるのはありがたいことである。

開業してちょうど1年たった記念の日に、取次会社トーハンが発行している雑誌『書店経営』の取材で永江朗さんに来てもらった。彼の著作『不良のための読書術』(筑摩書房)は、開業前にたくさん読んだ本屋本の中で特に刺激を受けた本だった。それまでも地元の新聞や雑誌にはたびたびとりあげてもらっていたが、初めての全国誌での取材であったことと、好きだった本の著者に取材してもらえるということで、舞い上がるような気持ちで取材に臨んだ覚えがある。その記事では、「特定のジャンルに絞った専門店ではなく、かといってあらゆるジャンルをまんべんなく置く店でもない。いわば、ライフデザインのためのツールを集めた書店。特定のライフスタイルを押し付けるのではない。一人一人が自分で生活をデザインしていくとき知恵や知識を与えてくれる、そんな本を集めた書店」と店の特徴を非常に的確に表現してもらったので、またも舞い上がるような気持ちになった。

その中で品揃えについてだけでなく、インテリアのことについても多くのスペースを割いて紹介してくれたのが嬉しかった。後にお会いした永江さんに、お礼を述べたところ、「（後進に）書店を開業するにはどうしたらいいか」と問われたら、「まず、インテリアデザイナーと結婚することだ」と答えるといいと言われたことを今でも思い出す。

2　本屋になったわけ

鬱屈した高校時代の逃げ場は本屋

「自分のお店を始める前は、どちらの書店にいらしたんですか?」

開業当初、出版社の人に、そんな風に訊かれることが多かった。書店業界では、移籍はそれくらい日常的なのだ。元はどこそこ書店、その前は……というように、腕一本で業界を渡り歩く書店員は多くいる。他法人への移籍でなくとも、全国チェーンの書店なら地域間の異動も多い。どこかの書店にいた(所属していた)と思われるのも当然である。

ところが、アルバイト修業の1年間を除けば、実際は「どこにもいたことがなかった」。まったくのずぶの素人が39歳で書店を独立開業した、と知ってみんな驚く。そもそも開業自体が珍しいのに、その店主に書店経験がないなんて、彼らにとってみれば前代未聞というわけだ。

業界の関係者にはそう思われたようだが、自分にしてみれば、これまでの一番苦しいときに大事な居場所を与えてくれた本屋を、少しだけおじさんになった自分が始めることは必然だと思えた。

振り返れば、本屋に救われたと心底思えるのは高校時代だ。父が転勤族だったので、小中学校は大阪、千葉、福岡と転校を繰り返した。再び福岡へ戻ったのは中学3年のはじめ。それまで続けた陸上部には入らず、卒業までの1年間は受験勉強に費やした。その結果、地元の進学校である福岡高校に入学することができた。

同級生に誘われ、入部したのはラグビー部。ほとんど予備知識もなく入ったが、全国大会での優勝経験もある強豪校だった。想定外ではあったが、ラグビーという競技の魅力に目覚めたので、きつい練習もさほど苦にはならなかった。

それよりも、学校全体が地元の国立大学の予備校のような雰囲気には、馴染めないものを感じていた。ちょうど思春期で、いかに生きるかということを考え始めた時期だったので、無駄なことを考えずに勉強をしておけばいいというような風潮に違和感を覚えたのだ。

そんな鬱屈した苛立ちが向かった先が、本や映画、音楽だった。

高校入学の前年に福岡で初めての大型書店である天神の紀伊國屋書店が出来たばかりでよく通っていた。ちょうどその頃始まったのが、今でも続く「新潮文庫の100冊」だ。今よりだいぶ骨太でスタンダードな作品がラインナップされていた。カフカの『変身』やカミュの『異邦人』、ドストエフスキーの『罪と罰』など、現代社会を予見したような古典作品にたくさん触れることができたのは幸いだった。雑誌の世界に革命をもたらした『POPEYE』（平凡出版、現・マガジンハウス）、そして福岡のカルチャーシーンを牽引した『シティ情報ふくおか』（プランニング秀巧社）が創刊されたのも同じ頃だった。それらを貪るように読んでいた記憶がある。

もっとも『POPEYE』が出ていることに気が付いたのは10号目あたりだったが、以後、同じ平凡出版発行の『BRUTUS』が1980年に創刊されるまで毎号欠かさず買っていた。サーフィンやスケボーなどアメリカ西海岸の流行やファッションがたくさん紹介されていて軽いイメージがある一方で、雑学コラムや海外情報がとてつもなく充実していた。新しい扉を開いてくれるワクワクする情報が満載で、「ニュージャーナリズム」という言葉もこの雑誌で初めて知った。伝説となっている60年代特集では、そこに載っている本やレコード（まだCDがない時代だった）を片っ端から買って後追いしていったので、後々、年齢を疑われたほどだ。海外ものでは、アメリカにはあまり反応せず、ミラノ特集や、『BRUTUS』のイタリア特集に強く惹かれたのが、その後20代の後半でイタリアに行く伏線になったようだ。

地方タウン誌のはしりである『シティ情報ふくおか』は、創刊当初は今より版型が小さくミニコミ的な雰囲気が色濃く残っていた。今のようにインターネットなどのない時代の貴重な情報源だった。時は70年代後半、『未知との遭遇』や『スター・ウォーズ』、『サタデー・ナイト・フィーバー』などハリウッド発の大作映画が続々と封切られた頃である。学校から中洲や天神といった歓楽街が近く、名画座もまだ数館残っていた。『シティ情報ふくおか』を丹念にチェックし、授業と練習の合間を縫っては潜り込んだ結果、年間50本ほどは観ていたと思う。

音楽もその頃はビートルズを卒業して、ストーンズやドアーズ、ブルース・スプリングスティーンといった、よりヘビーなロックに身を震わせるようになっていった。

天神の紀伊國屋書店が開店し、「新潮文庫の１００冊」、『POPEYE』が始まったのは１９７６年６月の出来事だった。『シティ情報ふくおか』も少し遅れて9月の創刊だ。どれもが同じ時期に始まったというのは、なにか時代を感じさせるような符合である。ちなみに、モハメド・アリとアントニオ猪木の異種格闘技戦も同じ年の6月、今またブームになっているいる田中角栄がロッキード事件にからみ逮捕されたのが7月（ついでに付け加えるとコマネチが大活躍したモントリオール・オリンピックも同じ月の開幕）と、１９７６年の夏は何かとてつもないものが同時に動いた熱い夏だったのではないかと、40年たった今、思い返すのもまた楽しいものである。

『赤頭巾ちゃん』に救われた

本と映画とロックが救いだった高校時代。鬱屈した心に射し入る光となった本が庄司薫の『赤頭巾ちゃん気をつけて』だ。

1969年の芥川賞受賞作品で、その後、作家本人と同名の薫くんを主人公とする『さよなら快傑黒頭巾』『白鳥の歌なんか聞えない』『ぼくの大好きな青髭』という赤・黒・白・青の色がタイトルに入った四部作が次々に発表された。

『赤頭巾ちゃん気をつけて』が世に出たのは、私がまだ小学校2年生の頃なので、刊行当時の騒ぎはもちろん記憶にない。まさに一世を風靡(ふうび)した作品と言ってよく、私より上の世代にとっては、今の村上春樹のように誰もが話題にする存在だったようだ。高校入学後しばらくして出会い、衝撃を受けたので、それ以降の作品を後追いで読んでいった。ちょうど『ぼくの大好きな青髭』が刊行された頃で、当時はまだ現役の書き手だった。その後、一切作品を発表せず、沈黙を守っているので、よく引き合いに出されたサリンジャー同様、隠遁生活を続けているのだろうか。

この作品は、かつて日本一の進学校として有名だった都立日比谷高校3年生の主人公薫くんが、東大受験をしないことを決心する2月9日のたった一日の出来事が描かれた小説だ。山の手の裕福な家庭で育った薫くんが考えたこと、感じたことが饒舌に語られる。おしゃべりな友人の話を延々と聞いているような感覚に陥らせてくれるのだ。だからか、その語り口に馴染めなかったり、当時の社会情勢や風俗がわからない人からは、「どこが面白いの？」という感想を持たれたりもする小説であるようだ。

ただ、薫くんの考えているのは、〝いかに生きるか〟という普遍的な問題だ。それを早熟で才気煥発な同級生たちや兄貴、尊敬する教授（丸山真男がモデルと言われている）など、周りの様々な人の生き方を提示しながら自分の理想像のようなものを言葉を尽くして探ろうとしているのだ。特に起伏に富んだストーリーがあるわけではなく、主人公の思考の痕跡を一緒にトレースしているような小説だが、劇的ではないがゆえに後からさざ波のように静かに響いてくるエピソードが積み重ねられていく。

最初に読んだ時は、高校生である主人公薫くんと自分の境遇を重ね合わせたものだ。それから40年ちかくが過ぎ、世間的には十分な大人となった現在でも共感を持って読めるのは、驚異的なことである。それは、根底にフェアな生き方に対する強い志向性があることや、伸びやかな真の知性とは何かといった根源的なテーマを扱っているからであろう。

自分の体験の結果出てきた思想を獲得できるまでは、優柔不断だとバカにされようとも、安易に借り物の思想や意見を取り入れて武装することを拒否するという潔さに、深い部分で共感を覚えたのだ。夏目漱石の講演録である『私の個人主義』を読んだ時にも同じような感覚を得たが、当時の私にとっては強い「励まし」であり「救い」となった。漱石は、割り切れないこだわりがあるなら、鉱脈に当たって「がちり」と音がするまで掘り続けろ、というメッセージを学習院で開催された講演会で若い人に呼びかけている。

庄司さんは、うちの店ができた2001年頃は、沈黙してからだいぶ時間がたっていたこともあり、サリンジャーに比べ、不当に忘れられていると感じていたので、雑誌の取材などのたびにお勧めしてきた。その後、新潮文庫から新装版が出て以降は、徐々にまた、若い読者を獲得し始めているようだ。

現代は自分の体と頭をフルに使い、試行錯誤しながら思想を獲得するという難しい道を選ぶ人が減って、威勢のいい多数派に乗って心の平静を保とうとしている人の割合がどんどん増えているように感じられる。そんな時代だからこそ、ますます、この小説を読む意義は増してきているように思える。

いつの日か、庄司さんを、我々が開催するブックフェスティバル「ブックオカ」にお呼びしてお話を聞く機会を持てたら、などと夢想している。

ザ・スミスと出会った大学時代

高校時代は、学校よりも街へ出て、本屋や映画館にいるほうがずっと居心地がよかった。かろうじて学校につなぎ留めてくれたのは、ラグビーだった。ところが、2年生の夏に足を怪我して練習や試合に出られない期間が続いた。当然、学校に行くモチベーションを失いかけた。反抗期で親と折り合いが悪かったこともあり、もう学校を中退して大検を受けると宣言するほどだった。

しかし、その年の秋の県大会1回戦で、ライバルの県立筑紫丘高校（タモリの出身校）に残り5分から逆転負けを喫したことで、早々と自分たちの代がやってきた。しかも、キャプテンに指名されるという想定外のオマケつきだ。指名されたら辞退するという選択肢はないので、またモチベーションが復活し、なんとか中退せずにすんだ。怪我も治り、やっと試合に出られるという嬉しさから、張り切って練習に励んだ。本好きの本領を発揮してラグビーの理論書も何冊か買って研究に勤しんだ。

ところが、次の年の秋に4年ぶりに県大会の決勝まで進んだ我々のチームを待っていたのは、因縁の筑紫丘であった。せっかくの晴れ舞台でテレビ中継があったにもかかわらず、今度はコテンパンに負け、悔し涙にくれることになった。その後、福岡に戻ってくるという選択肢がなかなか思い浮かばなかったのも、この時の出来事がトラウマになっていたからかもしれない。

高校卒業と同時に、実家がまた千葉に戻ったので、東京の予備校で1年間の浪人生活を送った後、同志社大学に合格したことで大学生活は京都で始まった。とにかく親元を離れたかった一心で選んだ京都だったが、後々の生き方に大きな影響を及ぼした場所でもあった。

特に最初の下宿が左京区の百万遍にあったというのも大きかったようだ。恵文社一乗寺店の店長だった現・誠光社の堀部篤史さんが著書で述べていたが、左京区は大学がたくさんあり、そのままそこに住み着いてしまったような人も多い。スーツ姿の人が極端に少ない、つまり自由人が多い地域である。学生には優しい京都の中でも、とりわけ居心地がよく、近年は雑誌で特集が組まれるほど、自由な風が吹いている独特な地域だ。

大学も文学部社会学科の新聞学専攻というユニークな学科に入ったので、ちょっと毛色の変わった、自分と同類の人間が多かった。屈折した福岡での高校時代から一転して、水を得た魚のような気分で、親元を離れての自由で気ままな大学生活を満喫した。

80年代はまさに〝雑誌の黄金時代〟で、先にもあげた『BRUTUS』をはじめとするマガジンハウス系の雑誌や『宝島』などを貪るように読んでいた。まだインタビューマガジンだった頃の『STUDIO VOICE』や音楽雑誌『jam』などが特に印象に残っている。

小説では、作品を発表しなくなった庄司薫と入れ替わるようにデビューした村上春樹やアメリカの作家カート・ヴォネガットに夢中になった。村上春樹作品で最初に読んだのは『1973年のピンボール』だったが、それまでの小説とは違う、クールな表現に引き込まれた。1973年といえば学生運動の終焉を象徴する浅間山荘事件が起きた翌年。この作品には当時の若者が持っていた挫折感や虚無感のようなものが色濃く反映されていたように思える。続けて読んだデビュー作の『風の歌を聴け』では、主人公の「僕」と「鼠」が、夏の間中、延々とビールを飲むシーンが印象的だった。二人が飲んだビールが「プール一杯分」などと表現されていたのを、訳もなくカッコいいと感じた。真似して自分もひたすらビールを飲むようになったが、中年になる頃にはそれを後悔することになった。

タルコフスキーの『ノスタルジア』やリドリー・スコットの『ブレードランナー』といった映画や、イギリスのバンド、ザ・スミスと出会ったのもこの頃だった。イギリスでは

70年代後半に登場したパンクロックに引き続き、様々なスタイルのバンドが続々とデビューした。「ニューウェーブ」と呼ばれたムーブメントが全盛の時代だ。そんな時代の空気をどうしても体験したくて、卒業旅行と称して85年3月にロンドンに1ヶ月ほど滞在した。その間、一番大好きだったスミスのコンサートを見ることができたのはとてつもない幸運だった。

スミスは、ヴォーカルのモリッシーが作る内省的でひねった歌詞に、ジョニー・マーのこの上なく美しいギターの旋律が組み合わされた80年代のイギリスを代表するバンドだ。イギリス人のややウエットなメンタリティにフィットしたいかにもイギリス的なバンドだった。そのためアメリカではあまり評価されず、日本でもメジャーになったとは言い難いが、後世に与えた影響は大きく、解散後も特に若い世代にフォロワーが増え続けている。活動期間も5年程と短く、結局来日はしなかったので、その全盛期にライブを見られたのは本当に貴重な体験であった。屈折した思いを抱える若者に特に響くバンドなので、社会人になってからは、もうスミスは卒業かなと長い間封印していたが、最近聴き返して変わらず新鮮に聴けたのは嬉しかった。

ちなみに、同じロンドン滞在中に伝説のライブハウス、マーキー・クラブに行ってみたくて、日本から来たバンドという情報だけで見たのが、後に大ブレイクしたＢＯØＷＹだった。このライブも今では伝説となっているようだが、ビートルズに間に合わなくて悔しい思いをした世代がリアルタイムで体験できた旬な思い出である。

とりあえず就職してみた

のんびりした京都で自由きままな大学生活を送っていたが、4年生になる頃には、同級生も就職活動の準備でそわそわするようになってきた。当時は10月1日が活動の解禁日になっていたにもかかわらず、実際には、春先から動き始めて夏頃には内定をもらうというのが一般的だった。そんな本音と建前の使い分けのようなことが許せないというような気持ちがあり、夏休みは九州ヒッチハイク旅行に出かけたりしていた。

当然のごとく就職活動には出遅れて、はかばかしい結果は得られなかった。そんな中、メディア系の学科だったので、手当たり次第に履歴書を送った広告代理店や出版社のうちで一社だけ連絡をくれた会社があった。大好きだった雑誌『STUDIO VOICE』を出していた流行通信社だった。例によって出版部門の採用は終わっていたが、関連の財団が出来たばかりで、新卒を募集しているので受けてみないかという話だった。

早速出向いて話を聞いてみると、設立された財団の主催で、今度、ロンドンから東京にファッションデザイナーを15人ほど連れて来てファッションショーを開催するという。ニューウェーブ・ムーブメントにはまっていて、ロンドンと聞いただけで興奮するような学生が迷うはずもなかった。すぐに面接を受けさせてもらい、ファッションのことなどほとんど何の知識もなかったが、なぜか採用の運びとなった。

会社に入ってみると、京都と東京のスピード感の違いに最初は戸惑ったが、ちょうどバブル経済が始まる頃であり、ものすごいお金が回っていた。仕事は面白く、刺激的な毎日だった。親会社がファッションの会社で勤務地は表参道。いつもどこかでパーティーが開かれているかのような華やかな時間を過ごしている感覚があった。

明治神宮外苑の絵画館前にピラミッド形のテントを建て、ダナ・キャランやクロード・モンタナといった海外の有名ファッションデザイナーを招聘(しょうへい)したファッションショーを開いたり、世界7ヶ国の現代美術作家とキュレーターを呼んで美術展やシンポジウムを開いたりした。また、1930年代のパリのオートクチュールファッションを東京に運んで開催した衣装展のオープニングでは、近所に住んでいた晩年の岡本太郎が来賓で参加し、当時のパリの思い出を語ってくれたこともあった。

今、思い返しても、よくそんな企画が実現したなと思えるほどだ。店の若いスタッフに話しても「マンガのような話ですね」といった反応しか返ってこないのも無理はない。

高校生の頃からサラリーマンになりたくないと言っていたくらいなので、あまり忠誠心の高い勤勉な社員だったとは思えないが、小さな会社で何でもやらせてもらえた。その後に役立つたくさんのことを学ばせてもらったという意味でいまだに感謝している。

開業準備の際に、本屋に関する本を読んだり、各地のユニークな本屋を行脚するのと並行して企画書を作っていった。これはイベント制作の現場で、まっさきに企画書を作ることを基本として叩き込まれていたことから自然に出てきたことだ。一連のリサーチ活動の中で感じたことやひらめいたアイデアなどを旧式のマックにメモをとるようにどんどん打ち込んでいった。そういったメモがある程度溜まってきて、今度はそれを整理していくうちに店の青写真のようなものが徐々に出来上がっていった。

会社員経験でよかったのは、こういった基本的なことを給料を貰いながら学ばせてもらえたことだ。ときどき、本屋をやりたいと、いきなり手ぶらで相談に来る人がいるが、そんな時は企画書くらいは作って来るようにと言っている。

商売を始めてみると、周囲の環境や時代の流れ、売上の低迷などによって経営者には必ずと言っていいほど迷いやブレが生じる。そのためにも、原点に戻れるところを作っておくことが重要だ。パソコンで言うところの、ＯＳの復元ポイントを作っておくようなものかもしれない。いざという時にその原点を思い出すことができれば心が乱れなくて済む。

誰しも最初は理想に燃えて事業や商売を始めるものだ。その時点での思いを忘れないための作業としても大事なのが企画書づくりなのだ。そのための訓練を積むことができたのが会社員時代だった。

商売への憧れ

京都の大学を出て東京で働き始めたのは、バブル経済が始まった頃の１９８５年。その後、会社を辞めてイタリアに行ったのが１９９０年だった。つまり、会社員時代の5年間は、バブルの始まりから終わりまでに一致する。ほとんど「バブル世代」と言ってもいいが、当時は社会人になったばかりの下っ端だったので、その恩恵を享受しているという実感はあまりなかった。何が起こっているのかもよく理解できず、ただ広い東京を右往左往していたように思える。

とはいえ、入ったところはファッション業界。勤務地は表参道だった。まさにバブルの真っ只中で働いていたことになる。イベント企画というダイレクトに景気に左右される仕事だったので、時代のせいもありスポンサーはよく集まった。贅沢な企画を体験でき、仕事は刺激的であった。

ただ、周りには、有名人と交流があるとか、何十億の仕事をしているとか、自分をいかに大きく見せるかということに汲々（きゅうきゅう）としている人が多いのには正直うんざりしていた。流行や消費の中心地に居て、常に新しいものを追いかけていくような環境にも徐々に違和感を抱くようになっていった。

そんな時期に出会った印象的な年上の友人に、東京・小岩でお茶の販売店を営む一方でジャン・コクトーの研究家として知られる藤沢健二さんがいた。藤沢さんは、商売（お茶の販売店）という昼の顔で世間に実直な姿を見せて、それ以外の時間は課外活動（ジャン・コクトーの研究）をしている。そんな昼と夜の2つの顔をもつ生き方に惹かれた。

商売というものは、自分の看板を表に掲げるわけだから、世間には均しく開かれている。身の丈以上に自分を大きく見せる必要もないし、卑下する必要もない。自分を理解してもらうためにくどくど説明しなくていいというのは、精神衛生上、楽でいいと感じた。とはいえ、商売は土地に縛られるから、他方で不自由な面もあるのだろうとも察せられた。しかし、藤沢さんのように昼間の顔とは別に、誰にも縛られない文化的なライフワークをもつ生き方に惹かれたのだ。派手で刺激的ではあるが、直接、やっていることの結果がわかりにくい仕事をしてきた反動かもしれないが、商売というものに憧れを抱くきっかけを与えてくれた町の先輩であった。

常々、商売というのは、町に名刺を出して生きるようなものだと感じている。もしくは、町に店の旗を立てると言ってもいいかもしれない。名刺や旗というには何百万、何千万円もかかる高いものだが、地道に仕事をしていれば世間に認めてもらえるという意味では、精神衛生上とてもいいものだ。お店を通じて社会と繋がっているという安心感は何ものにも代えがたい。ここ数年の間で恵文社一条寺店の店長であった堀部篤史さんが誠光社を、元リブロ池袋本店の統括マネージャー辻山良雄さんが本屋 Title という町の本屋を独立開業したが、お二方とも同じような精神的な安定感を口にしていたのが印象的であった。

イタリアに行ってみた

東京で働いていた頃、同じ会社のひとつ下の後輩に帰国子女の女性がいた。彼女の友だちと遊ぶようになったことで、若いうちに一度は海外で暮らしてみたいという気持ちが芽生えるようになってきた。先に書いた『POPEYE』や『BRUTUS』の特集で興味が膨らんでいたことと、彼女に誘われたことがきっかけになってイタリア語の勉強を始めるようになった。

その頃には、ロック一辺倒だった音楽の趣味はクラシックやオペラにも広がり、ミラノ・スカラ座の来日公演を見に行くなどしているうちに本場のオペラも鑑賞してみたいという気持ちも募っていった。それ以外にも、ファッションなどのデザインや建築、当時東京でもようやく増えてきたイタリアンレストランでイタリア料理に親しむうちに、現地で暮らしてみたいという気持ちはますます強くなっていった。

会社に入ってすでに4、5年ほど経ち、そろそろ30歳が近づいてきていた。それでも、このまま結婚して子どもが出来、郊外に家を建てて長時間満員電車に揺られて通勤するという生活にあまりリアリティを感じられなかった。まわりではちらほらと結婚する友だちも増えてきていた。しかし、そうなってからではもう無理だろうと感じていたので、思い切って会社を辞めてイタリアに渡ってみることにした。

今の感覚だと、せっかく入った会社を簡単に辞めるなどもったいないと言われそうだが、当時は、私自身にも社会全体にも将来に対する不安などほとんどなかったように思える。人は最初の環境に大きく左右される生き物だ。生まれた家が裕福で甘やかされて育ったら、そんな意識から抜け出すのは難しいし、長男か末っ子かなどの家庭環境によっても性格のかなりの部分が決定付けられる。それと同様に最初に社会に出た頃がどうだったか、最初に入った会社がどうだったかなどは、その後の生き方に大きな影響を与えるのではないかと思っている。

とにもかくにも暮らしてみたくて、1990年、ちょうどサッカーのワールドカップ開催の年、イタリアに行った。特段、将来の展望があったわけではなかったが、そこで経験したことは、今の自分に決定的な影響を及ぼしたと感じている。建築、美術、デザイン、音楽、ファッション、食など、どれをとっても素晴らしく、官能的で魅力たっぷりなイタリアでの生活を満喫した。町を歩いているだけでも楽しく、心浮き立つような気持ちになるのが不思議だった。もちろん建築が重厚で素晴らしいのはもちろんだが、細い路地を抜けるとパッと視界が開け、中央に噴水が配された広場が広がるといった町のつくりに、いちいち感動を覚えた。ローマのポポロ広場の門をくぐったとたんに目の前に双子の教会が現れ、その教会の間と左右に道がシンメトリーに配されていた光景を見た時には、あまりの見事な構図に思わず息を飲んだ。

町の各所に点在する広場には、バールのテーブルが観客席よろしくたっぷりと設置されている。そこに座って、町往く人々を見たり見られたりと、まなざしが交差するなど、極めて劇場的に町ができあがっている。人々が身振り手振りを交えてオペラを歌うように会話している様子もまた、演劇的な雰囲気を感じさせる一因になっているようだ。

コミュニケーションの達人たち

イタリアは国が統一されてまだ１５０年ほどだが、それぞれの町は、統一以前の中世の都市国家を元に成り立っているところが多い。中央集権国家の日本とは違い、コンパクトにまとまったローカルな町が自立して存在している。首都ローマは他の都市からは税金の無駄使いをしている政治家や役人の巣窟であるといったイメージで見られており、ひどく評判が悪い。

そのように、ひとつの「国」でもある各都市のアイデンティティは、現在それぞれの郷土料理やサッカーチーム、オペラ座などによっても保たれている。いまだに町の周囲には城壁が残り、そこに住んでいる人が、そこにある商店で買い物をするという「地産地消」とでも呼べる互助的な関係も色濃く残っている。

食料品ひとつとっても、惣菜店などで生ハムやチーズをその場で切ってもらって対面で購入するといった昔ながらのやり方が主流だ。そんな店で現地の人に交じって買い物をするのは、イタリア語が不案内な外国人にはいささかハードルが高く感じた。ところが一見無秩序に並んでいるように見えていても、お客さん同士がちゃんと前後の順番を見ていて、私が順番を飛ばされそうになっても、こちらのほうが先だと店員に教えてくれる人がたくさんいて感心した。店員も目の前のお客さんにゆったりと対応しているようでいて、入って来る人にはそのつど目配せをし、律儀に声を掛けているのだ。人間関係の基本である挨拶をおろそかにせず、相手ときちんと向き合い、その動きを見て適切にコミュニケーションをとれる人が多い。

エスプレッソコーヒーを飲みに一日に何度も通うバールでは、見振り手振りの会話を短時間だけして「チャオ！」の挨拶とともに去っていく人が多いのにも感心した。都市生活では、相手との近すぎず離れすぎずの距離のとり方が大切だが、その距離感のとりかたが巧みな都会人が多いと感じたのだ。出会った時も、別れる時も、いつでも使える気さくな挨拶の言葉「チャオ！」が存在しているというのも大きいが、意外に律儀なイタリア人の一面を見たような気がした。

イタリアでは、何百年も前の建築や町並みが当たり前に残っているので、子どもも老人も同じ景色を見て育つことになる。そんな共通の美意識があることや、町角に無数にある交流拠点であるバールや個人商店の存在と、もともとおしゃべり好きな国民性が相まって、少なくとも日本よりはコミュニケーションが円滑に保たれているように見えた。

その頃、日本では急速に開発された郊外のバイパス沿いの大型店舗や、コンビニが隆盛を迎える一方で、中心市街地や個人商店は衰退し、コミュニティの空洞化が始まろうとしていた。それから四半世紀が過ぎ、そんな傾向にますます拍車がかかっている現在、イタリアの町の元気の秘密を日本も真剣に学ばなければいけない時代がやってきているような気がする。井上ひさしの『ボローニャ紀行』（文藝春秋）や島村菜津の『スローシティ』（光文社）は、そんなイタリアの秘密を知るには格好の書籍なので、ことあるごとに推薦している。

イベントの仕事をしてきたことや、イタリアでのバールや個人商店を見てきた体験から、人が集まるエネルギーを持った「場」の重要性を実感した。そんな「場」をつくることが自分の居場所づくりにもなるのではと考えるに至った。

東京での大きくお金が動く華やかな仕事も刺激的でいい経験になったが、もっと送り手と受け手の距離が近く顔が見えて、社会に与える影響力がどんなものなのか、その結果がダイレクトにわかる仕事をしたいという思いが募っていった。

ミラノで夢のような展覧会――安田侃さんとの出会い

イタリアで最初の滞在先だったフィレンツェに落ち着いた後すぐに、地中海側の斜塔で有名なピサの少し北に位置するピエトラサンタに向かった。その地に長らく住んで制作を続けている日本人彫刻家の安田侃(かん)さんに会うためだった。

イタリア語で「聖なる石」という意味を持つピエトラサンタは、大理石の産地として有名で、ルネッサンス期にはミケランジェロもこの地の石を使って制作したという伝統のある町だ。安田さんは、1970年にイタリアに渡って、巨匠ファッツィーニの教えを受けて以後、この地に移り住み現地の大理石工房を制作拠点としてきた。

今では世界的な巨匠として知られている安田さんだが、日本でも東京ミッドタウンや直島、生まれ故郷の北海道・洞爺湖畔などで大理石の巨大な作品と出会うことができる。

当時は、翌年に控えるミラノでの大きな展覧会に向けて制作の真っ最中だったが、その展覧会の日本でのコーディネートをしている知人の紹介で会ってもらえることになった。

その日は、駅前のカフェで待ち合わせをしたが、すぐに大理石を切り出している山に連れて行ってもらった。ワイヤーカッターで断面が切り取られた巨大な大理石の真っ白い岩肌がそそり立つ姿は、機械の音も人の声もしない日曜日であったこともあり、神々しく神秘的な佇まいで迫ってきた。その後、アトリエに移動し、ミラノ展のために制作している作品を見せてもらったが、3メートルに近い大理石のモニュメントは経験したことのない圧倒的な存在感を感じさせてくれるものだった。それまで、ファッションやイベントといった、どちらかと言えば一過性で移り変わりの激しい業界で働いていたのでなおさらだったが、悠久の時間をかけて生み出された石をコツコツと削って巨大な彫刻を作るなどというスケールの大きい仕事にまさにカルチャーショックを受けた。

その後、夏の間、大学のサマースクールに通うためにピエトラサンタに程近いヴィアレッジョに移ったことで頻繁に安田さんのところを訪ねるうちに、ミラノ展のスポンサーを集めるための企画書を作成する手伝いをすることになった。まだバブル経済の余韻が残っていた時期でもあり無事にスポンサーも付き、1991年の春にミラノのドゥオーモ（大聖堂）の裏にある歩行者天国になった800メートルほどのヴィットリオ・エマニュエーレⅡ世通りに大理石とブロンズのモニュメントが13点展示された展覧会が開催された。

西洋の歴史的な町並みに東洋的なごろりとした彫刻作品が、まるで巨大な人間のように配置され、その彫刻を人々が時には撫で、時には腰かけながら、まったく自然にそこに存在している様子が夢のように感じられた。今思い出しても、町と彫刻と人々が溶け合った素晴らしい野外彫刻展であった。

オープニングパーティは、イタリアではじめてミシュランの三つ星を取ったシェフとして有名なマルケージの店で行われた。特別ゲストとして迎えた晩年のブルーノ・ムナーリにスピーチをしてもらえたのには感激した。


ちなみに、その展覧会が開催されていた頃に刊行されたのが、須賀敦子の最初のエッセイである『ミラノ 霧の風景』（白水社）だ。私がそれまで滞在していたミラノが舞台になった作品なので、興味を持ち帰国してすぐに買って読んだ。イタリア文学の翻訳者として活躍した彼女が60歳を過ぎて発表したイタリア滞在時代の思い出を綴ったエッセイだが、そこに出てくる人物がまるで自分もよく知っている人であるかのように感じられるその独特の美しい文章に引き込まれた。その後、刊行された『コルシア書店の仲間たち』（文藝春秋）では、彼女の夫だったペッピーノや書店に集う仲間たちに、同じ書店人として他人事とは思えないシンパシーを感じた。

　そのコルシア書店が、安田さんの展覧会が開催されたヴィットリオ・エマニュエーレⅡ世通り（以前の通りの名前がコルシア・デイ・セルヴィ）のサン・カルロ教会の中にあったということは、自分で本屋を始めた後になってから知ったことだった。第2次世界大戦時のレジスタンス運動での同志だったトゥロルド神父とカミッロ・デ・ピアツが数人の若者と戦後になってはじめた書店で、キリスト教の殻にとじこもらない共同体をつくりたいとの思いから、書籍の販売だけではなく出版、講演、会議、ボランティアなどの活動をすることをめざした書店だった。自分の書店も単に本を売るだけでなく、様々な活動を通じてゆるやかなコミュニティを作っていきたいとの思いがあったので、そんな事実を知った時には感慨深かった。

自分の居場所をつくるための武器

　ミラノでの夢のような展覧会の後、日本に戻ってからも安田さんの仕事をサポートしていた。その後大阪に移動するまで3年半ほど手伝わせてもらったが、ミラノ展の後に控えていたイギリスのヨークシャーでの個展の準備を進めていた頃のことは今でもよく思い出す。

この展覧会はヨークシャーにある広大な野外彫刻公園全体を使ったスケールの大きい個展であった。ミラノでの展覧会が非常に評判を呼びオファーされたものだが、その展覧会の企画書作りを安田さんとともに行っていた頃の話だ。当時はまだパソコンでの画像編集作業が一般的ではなかったので、会場の写真を大きくカラーコピーで引き伸ばして、そこに作品の写真を切り抜いたものを合成しモンタージュ写真をつくるようにしてイメージをビジュアル化していった。

その場所に彫刻を置くと、どれだけその空間が素晴らしいものになるか、作業の最中に、安田さんは興奮しながら私に語ってくれた。頭の中には、はち切れんばかりのイメージがあったのだ。この「イメージ喚起力」とでも呼べるものを身近で感じることができたことが、その後の自分にとって非常に大きな経験となった。

このイメージ喚起力の大切さを学んでいたので、本屋を始める時も、ブックオカを始める時も、出来上がった時のワクワクする心躍るイメージをまずビジュアル化するように努めた。「こんな場所や空間があったらいいな」という最初のイメージからスタートしていくのだ。

アーティストであればそのイメージを形にしていくのには、今まで研鑽（けんさん）を積み重ねてきた技術を駆使することになる。私のように店やイベントを作るという作業の場合は、まずそのイメージを企画書に落とし込んでいくことから始めた。そのイメージが詰め込まれた企画書を元に資金調達をしたり問屋と交渉したりという作業を繰り返しながら賛同者を募り実現に近づけていくという過程が後に続く。

企画書の重要性については先にも述べたが、まずはそれのもとになる根源的なイメージが大切だということを学んだ。そんなイメージは頭の中だけでいくら考えていても生まれてはこない。現場で感動するような体験からのみ生まれてくるものだと思う。今更ながら、ブルース・リーの『燃えよドラゴン』の名セリフ「Don't think! Feel!」（考えるな！　感じろ！）には深い意味が含まれていると感心する。

岩手のオガールプラザの開発で注目を集める岡崎正信さんの講演会で聞いた、「右手に志、左手にそろばん」という言葉にも感銘を受けた。なにをするにも、情熱と論理のバランスが大切だが、ビジネスの世界では、しばしば、情熱は顧みられず、論理優先で物事が進んでしまいがちだ。世の中の物事が、もっとワクワクするイメージを起点にして進んでいけば、少しは風通しのよい社会になっていくように思える。

地域密着のイベント三昧――大阪時代

イタリアから戻った後も、東京で安田さんの仕事を続けると同時に、大阪の女性書家のミラノやニューヨークでの個展を手伝ったりしていた。その両都市での展覧会のスポンサーの一人が、大阪・四條畷(しじょうなわて)の池田屋のオーナー、多河清さんだった。池田屋は戦前から続く荒物雑貨屋だったが、彼の代に店舗を他の場所に移し、天保年間に建てられた古民家を改装してギャラリーを開いていて、陶芸作家やアーティストなどが集まっていた。

1994年に私は多河さんに誘われて四條畷に移り住むことになった。池田屋はちょうど野外能舞台を作ったばかりで、催事のディレクターを探していたのだ。

私も東京脱出を画策していた頃でもあり、大阪とはいえ、北河内と呼ばれる奈良との県境にも近いローカルなカラーが色濃く残った古い町で働くというのは魅力的なオファーであった。イタリアで感じたコミュニティのよさをより感じることができる場所であるというのも、心が動かされた理由のひとつだった。

四條畷は、南北朝時代に楠木正成の息子、正行が足利尊氏と戦った場所。その戦いで敗れた一族を祀る四條畷神社の門前町である。その四條畷でアート展や舞台や音楽公演のマネジメントをしながら地域の文化新聞を発行するといった活動をその後4年間続けた。

ギャラリーでは、絵画、彫刻、陶芸など様々な展覧会を開催した。毎年正月前に開催していた干支をモチーフにした展覧会では、関西中から様々なアーティストに参加してもらった。それと同時に、「えにし庵」と名付けられた野外能舞台で、舞台公演や音楽会など様々な文化催事を企画した。「えにし庵」は、もともと薪能を開催するために盛り土の舞台を作り、それに隣接する形で室町時代風の母屋を併設した施設で、檜（ひのき）づくりの建物の床下には床暖房も設置され、大人数で合宿や研修も可能な贅沢な施設だった。

そこは、のちに屋久島に移住した藤條虫丸（ふじえだむしまる）さんを中心とした舞踏家やダンサー、演劇人、美術家、ミュージシャン、写真家、紙芝居師など多岐にわたる人々がパフォーマンスを繰り広げる実験場となっていた。住宅街の中にありながら山を借景とし、周囲を高い木に囲まれた景観は、異空間とも呼べる場所で、その風情に惹かれて多くの人々が集ってきた。

そうした文化催事の後には必ず懇親会が催され、今ではギャラリーのあった場所でイタリアンレストランを経営しているオーナーの息子の竜史さんをはじめとしたチームが腕をふるう料理やお酒が振舞われた。

そんなイベントには常連とも言えるお客さんがいて、催しの内容に関係なく通ってくれていた。文化催事は敷居が高いと感じている人でも、食事やお酒がセットされていて作家やパフォーマーとおしゃべりできる機会が設けられていれば行ってみようと思う人たちの層も広がるものだ。現在も箱崎店のトークイベントで必ずと言っていいほど懇親会を設定しているのも、この頃の記憶が残っているからである。

東京では大掛かりで刺激的なイベントをたくさん経験したが、ここ大阪では、人と人との距離が近いローカル都市の良さをたっぷりと味わうことができた。そんな濃密な4年間を過ごした大阪を離れる際には、それまで出演した音楽家やパフォーマー、常連さんやスタッフなど100人以上が集まってくれ、門出を祝ってくれた。本屋をやることだけは決めていたが、これから先、その実現までに相当な困難が待ち構えていることなどは、まだ、実感として予想はできなかった。今考えると、この盛大な宴会が、30代の終わりにさしかかっていた自分にとって、気ままで自由に過ごしてきた青年時代の終わりを告げるようなイベントだったのだと感じる。

3　今日も店づくり、棚づくり

『就職しないで生きるには』

福岡に戻って来る前の大阪時代に本屋開業を志し、同時に本屋に関する本を片っ端から読んでいった。その中で最も印象に残っているのが、晶文社の『就職しないで生きるには』だ。晶文社は、私が大学生のころ一番好きで買っていた出版社で、『植草甚一スクラップ・ブック』やスタッズ・ターケルの『仕事！（ワーキング）』など刺激的で心に響く本をたくさんラインナップしていた。クリーム色のカバーと犀（さい）のロゴマークは、当時の私にとってまさに「信頼のブランド」だった。岩波書店やみすず書房のような正統派インテリ向けではなく、かといって宝島社（当時はＪＩＣＣ出版局）のようないわゆるサブカル寄りでもない、オルタナティブとでも呼べる独特の路線が自分の感覚にぴったりフィットした。平野甲賀さんが多く手がけた派手ではないがおしゃれな装丁も自分のテイストに合っていた。大学時代よく通った京都・三条河原町にあったふたば書房の奥に犀のマークの背表紙が並ぶコーナーがあり、そこでたくさんの晶文社本を買った記憶がある。

『就職しないで生きるには』は、60年代のアメリカでカウンターカルチャーのムーブメントにのめり込んだ著者のレイモンド・マンゴーが、そんな熱気も去った70年代初頭に、新たな生き方を模索する独立自営の若者たちを訪ねて全米を旅したロードムービーのような本である。そこには、天然の素材だけで手づくり石鹸を作る若者だったり、コミューンのような形態で缶詰を作るグループだったりと、今で言うところのエコ系、ナチュラル系の元祖のような人々がたくさん登場している。

カバー折り返しの部分に書かれた文章にまず惹きつけられた。「嘘にまみれて生きるのはイヤだ。だが生きていくためにはお金がいる。で、自分の生きるリズムにあわせて労働し、人びとが本当に必要とするものを売って暮すことにした。（中略）頭とからだは自力で生きぬくために使え。失敗してもへこたれるな」

時代が変わっても、マンゴーは、「生計をたてつつ同時に自由で、楽しめる仕事」を求めることを諦めようとはしなかった。スモールビジネスを展開する同志を訪ね歩きながら、この本の原題になっている「根源的利益」（人々が本当に求めるもの）をどうやってつくりだし、どうやって守りぬけばいいのか。その問いの答えを探し続けたのだ。

いつの時代でも素直に大人の作ったレールに乗ることができないと感じているような若者は一定数存在する。そんな若者にとっては共通のテーマであろう。時代背景が違うので、書店を開業した頃は積極的におすすめするのをためらっていたが、2011年の東日本大震災以降は、このような根源的な問いに反応する若者も増えてきているようだ。

大学1年生の頃に初版で買って以来、手放すことなく、ずっと手元に置いていた本だった。当時は自分が本屋を開くなどとは夢にも思っていなかったので、著者がこの本の中でモンタナ・ブックスという本屋を開業していたことなど、きれいさっぱり忘れていた。それが、20年ほど経って開業前にもう一度読み返してみたところ、先の記述に出くわし、「まさに自分のための本だ」と思ってしまった。本には、長い時間がたってから気がつく効用もあるということを教えられた感慨深い一冊だ。「頭とからだは自力で生きぬくために使え。失敗してもへこたれるな」という一文は、独立して生きることを決意したものすべてに響くスピリットにあふれたメッセージであろう。

この本が出た後、晶文社から「就職しないで生きるには」シリーズという一連の「仕事」に関する本が出版された。その中にはミュージシャンの早川義夫さんが書いた『ぼくは本屋のおやじさん』や、四日市の子どもの本専門店メリーゴーランド店主増田喜昭さんの『子どもの本屋、全力投球!』などの本屋に関するものも含まれている。

この10年ほど、働き方に関する本の出版がブームのようになっている。2003年に刊行された西村佳哲さんの『自分の仕事をつくる』を見た時、同じ晶文社ということもあって、21世紀版「就職しないで生きるには」が出たと感じたものだ。著者は「いい仕事ってなんだろう」という疑問を持って、いい仕事をしている人のもとにインタビューに出かけていく。そんな現場主義が貫かれたルポルタージュであるという点がマンゴーの本に通じていたからである。『自分の仕事をつくる』も刊行から十数年が過ぎ、すでに古典の仲間入りを果たした感がある。いつの時代になっても「仕事」は永遠のテーマであることに変わりはない。自分の体験からも自店でもこのような書籍のコーナーを充実させてしまうのは必然であった。それに反応する層が年々増えてきているのは、時代の変化を感じさせる出来事である。

スモール・イズ・ビューティフル

ようやく本屋の開業という具体的な目標が設定できたことで、コンセプトを練るためのリサーチ活動に本腰をいれていった。つてをたどって、書店や出版社の人に相談して回った。ところが、これから福岡で小規模な本屋を始めると言うと、誰もが決まって否定的な見方をする。

折しも、「天神書店戦争」といった言葉が新聞紙上をにぎわせるほど、福岡は全国有数の書店激戦地となっていた。ジュンク堂書店が全国展開を推し進めたこともあって、地方の中核都市に大型書店の出店が相次ぎ、書店は規模で勝負という風潮だった。天神地区はまさにその典型で、早い時期に進出した紀伊國屋書店のほか、丸善、リブロに八重洲ブックセンターまでチェーン店が続々と参戦し、当然ながら町の書店の廃業が目立ち始めていた。

それでもリサーチを続けるなかで、ひとつの疑問が頭をもたげた。大型店中心の流れは、はたして、読者の要望に応えたものなのだろうか。結局は出版社主導で進められた流れに過ぎないのではないか。一冊でも本が当たると、関連本が山のように出てくる有様だ。出版社がどんどん本を出すので、書店はそれらを並べるために、とにかく規模を大きくしなければいけない。実際、この20年近く、出版物全体の売上は一貫して下がり続けているのにもかかわらず、書籍の出版点数はむしろ増える一方だ。

広大な売り場の、膨大な数の本の中から、自分に必要な本を探し出すのには多大なエネルギーが要る。なにもこれは本の世界だけに限らない。インターネットの時代になり大量の情報が溢れるなかで、それらを取捨選択するのに多くの人が四苦八苦している。情報が多いことが一概によいわけではなく、量は少なくても良質で本当に必要なものがあればよいと思う人も少なからずいる。

これを書店に当てはめれば、忙しくなる一方の社会人にとっては、膨大な本を並べた大型書店よりも、その中から面白そうな本をあらかじめ選んでくれている、コンパクトにまとまった本屋のほうが親切で便利だと感じてもらえるのではないか。そんな仮説を立て、最初に固めたコンセプトが、「狭さを武器にする」というものだった。まずは、忙しい顧客に代わってきちんと本を取捨選択することこそが小さな店の存在意義になると考えた。

そう考えた背景には、大型のスーパーが台頭する一方で、「コンパクト」な売り場を象徴するコンビニが浸透してきたという事実があった。さらに、本屋に的を絞って記憶をさかのぼれば、自分が小さい頃に通った町の本屋の残像もある。小さな坪数でも、雑誌から文庫、単行本までひと通りコンパクトに揃っていて、お客さんがちゃんとついていた。

他業種で、コンパクトな店の例として思い浮かべたのは、以前、ファッション業界で働いていた頃に見聞きした地方の「品揃え型ブティック」、「地域一番店」などと呼ばれていたお店だった。仕入れは、春夏、秋冬と年2回。ファッションメーカーが開く展示会に出かけて行って、お客さんが好みそうな服を注文するというやり方である。書店と比べ客数が少なく単価も高いので、個別に接客して定期的にDMを出すなど、顧客と密な関係を作りやすいというメリットを生かした商売を行っていた。

スーパーや量販店で売っている服で充分という人もいるが、他方で値は張っても、こうしたブティックで自分の気に入ったテイストの中から選んで買う人もいる。それぞれの店がすべての顧客を相手にしているのではなく、ターゲットに合わせた品揃えによって商いを成立させていた。


かたや、書店業界はどの店に行ってもターゲットが全方位的で売り方のバリエーションに乏しい。もっともこれは、「委託配本」という書店・出版業界特有の流通の仕組みが存在するがゆえの現象である。出版社や取次が過去の売上に応じて設定した書店のランクなどに従って返品可能な新刊書籍を自動的に割りふる。書店は送られてきた本をそのまま並べ、売れなければ返品する。したがって、どの店も規模に違いこそあれ品揃えが代わり映えしない。同じような品揃えなら規模が大きいほうが勝つのは当たり前なのだ。

そこで、商品はすべて自分で選書し、配本に頼らずこちらが注文したものしか置かないことにした。大きな書店を経営するとしたら配本に頼らざるを得ないが、15坪なので並べる本は全部自分で選べると判断したのだ。量でなく、提案する内容（品揃え）で勝負すればいい。

たしかに、大型書店に行けば、全てのジャンルが豊富に揃っているが、忙しくて時間のない社会人にとっては、全ての売場をチェックするのは難しい。15坪という狭さのブックスキューブリックだったら、数分で店内を見て回ることができる。各ジャンルの本がひと通りあって、その上でひっかかってくる本がある。自分が想定していなかった本と新しく出会える可能性も広がる。

開店後「出会いの確率が高い本屋」だとお客さんに言われて、狭さのメリットを生かせたことを知った。買いたい本がはっきり決まっている場合は、大型書店やネット書店が便利だが、本と偶然の出会いをするには、むしろ当店のような小さく、かつ、セレクトされている書店のほうが有利ということだろう。それ故か「お金が無い時に来ると危険な本屋だ」というご意見も多くいただくが、嬉しいほめ言葉だ。

開店して間もない頃、バイクで来店した女性があれよあれよという間にカウンターに本を積み上げた。計算してみると4万円ほどに達したが、カードで決済して、送っておいてと言い残し颯爽と去っていった姿を忘れることができない。

15坪でどんな品揃えができるか、最初は恐る恐るの部分もあったが、実際に並べてみるとこれだという本はちゃんと棚に収まるので、あとは新刊もしっかり入れながらうまく回転する棚をつくっていくことだと思った。

小さくても総合書店

雑誌や書籍、文庫、新書などをしっかり揃えた「小さな総合書店」を目指し、ひと通りのジャンルは扱うようにしているが、コミックスやアダルト本、学習参考書などは置かないことにした。町の小さな書店にとっての稼ぎ頭であるコミックスを置かないと言うと、ずいぶん不思議がられたが、思い切って外した。若い頃は多少親しんだが、大人になってからは全然読んでこなかったので品揃えをする自信がなかったことと、巻数ものが多く小さな書店にとっては場所をとり過ぎること、それと最も大きな理由は、万引きが増えるのが嫌だったからだ。

バックヤードを入れてもたった15坪しかない小さな店なので、店内レイアウトや棚の配置は、時間がたっぷりあったこともあり、かなりじっくり考えることができた。

通常本屋は、直ぐには支払いが発生しない既存のセット商品（「常備寄託」や「長期委託」という条件で取次会社や出版社各社が用意する基本パックのようなもの）をたくさん使って、店舗の容積に本を目一杯に詰め込もうとするものだ。うちの店でも入口付近に高い棚を配置してもっと在庫を入れることもできたが、あえてそうしなかった。広い窓側には低めの雑誌棚を配置して、外から店内がよく見渡せるようにした。

棚のレイアウトは、大きな店のように雑誌、書籍、文庫といった形でゾーンを分けるのではなく、同じようなジャンルであればなるべく雑誌と書籍を近い場所で展開するようにしている。管理する側からの分類ではなく、読者にとっての興味関心が自然と続いていくように、なるべく近しいジャンルは並べて展開するような配置にした。

新刊雑誌はもちろん、食文化や旅行書、ビジネス書や新書・文庫から文芸書に一般書、さらには児童書や絵本、音楽、アート、建築など、新刊から定番まで、ジャンルごとにはっきりと区切るのではなく、流れるように棚が続くレイアウトを心がけた。通常、本屋は、開業の後、売れ行きや客層によって棚の構成を変えていくのが普通だが、かなり時間をかけて考えたからか、当店の棚構成は開業時からほとんど変わっていない。

すべての本を選んで置いていると言うと、「専門書を並べた本屋ですか？」と言われることも多いが、これは当たっていない。専門的な研究者や大学関係者が読むような難しい本ではなく、一般書との中間くらいの領域から面白い本を丹念に拾ってくるというイメージで品揃えをしている。

お客さんの像としてまず浮かんだのは、自分だった。学生の頃から本屋が大好きで、社会人になってからも、週に最低一度は通う生活を送っていた。そんな自分を含めて、活字が好きで新聞を毎日読んでいるような一般の社会人をメインターゲットに想定した。

彼らが日々の生活で疑問や関心を抱くことは、なにも自分が好きな特定のジャンルや職業的な専門分野にとどまらない。だから小さくてもめぼしいジャンルを揃えた「総合書店」であることが必要だった。

そんな「本好きの一般の大人」を想定すれば、要る・要らないはある程度絞られてくる。最初から必要ないジャンルははっきりしていた。コミックスやアダルト本、学参のほかに、そういった層には何種類ものパズル雑誌や車雑誌は必要がないし、タレント本やベストセラーとなっている健康書もさほど関心がないだろう。

一方で、「本好き」に好まれる著者の作品をしっかり集めることも、彼らに注目してもらうためには必要なことだと考えた。例えば文芸作家なら須賀敦子、白洲正子、向田邦子などの作品、翻訳文学なら柴田元幸さんが手がけた作品など、「本好き」にとってキーとなる作家を重点的にリストアップしていった。

本屋に通っていないと落ち着かないというコアな本好きの層と、ときどきしか本屋に行かない層は、志向性に明確な違いがある。そういった本好きの大人を満足させるべく単行本の品揃えを充実させ、町の本屋の基本である雑誌や、文庫にも目配せしながらきちんとフォローするという店のイメージが徐々に固まってきた。地元の本屋でアルバイトをしているうちに、必要のない本を大胆に削ってしっかり選書すれば、小さいスペースでも十分戦えるという確信めいたものを得ることもできた。

背後には膨大な在庫が

規模の小ささをハンディと捉えず、小さな町の書店だからこそ出来ることを追求していこうと考えた。当然のことだが、小さい店の一番のメリットは品揃えの隅々まで目が行き届くという点である。開店の際の在庫も全て自分で選んだし、現在の在庫もほとんどが注文によるもので基本的に配本（80頁参照）は断っている。こちらから注文したものだけで品揃えをするのは、大型店では難しく、小さな店だからこそできるやり方と言える。

今の書店業界は、経費削減のため、顧客の嗜好を見極めて品揃えを行うことができるベテランスタッフをどんどん減らしていく傾向にある。そのため品揃えを、取次による配本や、ＰＯＳレジを活用した自動発注（売れた商品を手作業によらずに発注する仕組み）に頼る流れがますます加速している。しかし、実際の本の販売は単純な過去データだけでは予測しきれない様々な要素に左右される。内容や価格のバランスはもちろんのこと、表紙のデザインや紙質、文字の組みかたといった感覚的なものもかなり重要だ。こういったことは実際の現場で本にふれながらでないとつかみ得ないものだ。

目が届くのは売り場の商品だけではない。小さい店は、お客さんとの距離が近いことも何よりの利点だ。「なにが欲しいか」という地元のお客さんのニーズと、「こういうものを読んでほしい」という店側の提案とのバランスをとりながら書棚を作っていくことがやりやすい。

レジでのさりげない会話で知らなかった本を教えてもらうことも多いし、客注（お客さんからの注文）で取り寄せた本から店のロングセラーになったものも少なくない。雑誌にしても売場が限られているので、最初の頃は、お客さんの顔を思い浮かべたり売上動向をチェックして、新しいアイテムを入れたり引っ込めたりしながら、細かな調整を行っていった。

注文品の取り寄せには開業時から力を入れている。当時はちょうど、トーハンのe-hon

やブックライナーといった取次にオンラインで注文できる仕組みが登場してきた頃だった。この仕組みを活用して本の取り寄せに力を入れれば、構えは小さくても背後に膨大な在庫をかかえることができると考えた。

通常、当店のような町の書店は、販売価格（定価）から仕入値を引いた粗利が22〜23％ほどというのが一般的だ。これらの仕組みを利用するには、その中から、さらに6〜7％程度の手数料を払わなければならない。しかし、そのコストをかけてでも迅速に客注品を手配することは、小さな店を存続させるための生命線になる。

もちろん、当店から数キロ圏内に位置する天神の大型書店に行けば探している本が手に入る可能性は高い。それでも、近所に住んでいる人にとっては、多少待ってでも近くの店で本が手に入るのはありがたいことだ。店では偶然の出会いを楽しんでもらい、ピンポイントに欲しい本は、3〜4日で到着するオンラインの客注システムで対応するというオペレーションを確立することで、規模が小さくても充分に戦えると考えたのだ。

本屋に行くのは、ある種の習慣なので、注文した本を受け取りに行くことが次の来店の大きな動機になる。そうして受け取ったお客さんは、便利だと感じて何度も注文を繰り返してくれるので、固定のお客さんになる確率が格段に高まる。

しかし、そうした取り寄せに使えるオンラインの仕組みができるまでは、本を注文してから届くまで最低2週間はかかるのが常識だった。発注書名が書かれた注文短冊が、書店—取次—出版社—取次—書店というルートで旅をする途中で迷子になることもあった。無事出版社まで届いたとしても、品切れであることも多い。注文から2~3週間後に短冊が戻ってきて、ようやく「品切れでした」とお客さんに伝えるはめになる。その結果、「いまさらなんだ」と怒られるといったことが日常茶飯事だった。

本が届くまでのこうしたタイムラグは、本屋の信用を失わせるには十分な理由のひとつだったが、開業を準備していた頃に、そんな問題を解決してくれる仕組みが出現したのは幸いであった。

本はすべて実用書

本屋をやるにあたっての準備期間には、本の特集が載っている雑誌やブックガイド的な本をかなり買い集めていた。最初から配本に頼らず自らが選んだ本を置くというイメージははっきり持っていたので、そんな資料を参考にして、店に置く本のリストをコツコツ作り、開業前に取次に渡した。ところが、数年かけて作ったものだったので、品切れや絶版のものが多く、開店数日前になっても半分くらいしか棚が埋まらないといった悲惨な状況であった。幸い、当時は取次の支店に「店売（てんばい）」と呼ばれる書店向けの在庫が結構揃えてあったので、そこに通い、棚から「せどり」よろしく、自分の店に合いそうな本をどんどんピックアップしていった。

どんな基準で本を選んでいるのかとよく聞かれるが、そんな時には、「大人向けの考え方のヒントになる本」、「生活を愉しく豊かにしてくれる本」などと答えるようにしている。お客さんには、新たな発見や発想の広がりをかきたてるような本と出会ってもらいたいと考えている。

昔から本は大好きで、過去、それに救われたと感じた経験もあるが、私はいわゆる本至上主義者ではない。何かしら現実の生活に関わりがあり、役に立つと思えるものを求めて読書をしてきた。だから、当店のどの本も、ある意味で「実用書」であり、「使える本」を選んでいるつもりだ。

品揃えには、当然ながら選ぶ人間の個性が反映されるものだが、当店の場合も自分の過去の体験が自然と棚に出てしまう。スローライフやスローフード、まちづくりなどに関する本を多く集めているのも、過去の体験からだ。大学時代を過ごした京都は、昔からスローライフな町だし、社会人になってしばらく住んだイタリアはスローフード発祥の地だ。お客さんに強要するつもりはないが、こういう生き方もあると提案する本を並べたかった。

ただ、図書館ではないので、そうした本を並べても、売れなければ店に残しておくことはできない。最初の本の仕入れは、たとえて言えば「プレゼン」のようなもので、それをジャッジするのがお客さんという関係だ。お客さんは購入という行動で、その本をうちの店に残す価値があるという意思を示してくれているわけで、一種の「投票」のようなものだ。したがって、店の品揃えは、自分が一人で行っているわけではなく、お客さんとのコラボレーションの賜物と捉えている。自分ひとりで突っ走っても、後ろを振り返ると誰もついてこなかったという具合では、長く店を維持することはできない。

もちろん最初の提案がつまらないものであれば、お客さんの反応も鈍くなるし、クオリティを保つためには、常に面白いものを探してくるアンテナを立てておく必要がある。そうやって選ばれた商品は、かなり早い時期から導入したPOSレジで一定期間内の販売データをチェックしながら、基準を決めて残すかどうかを日々、判断している。この本は店に合いそうだという「仮説」のもとに発注し、店に並べて「実験」し、売上の実績を「検証」するというサイクルを15年間にわたって延々と繰り返してきたことになる。

どたばたではあったが、取次の「店売」から抜いてきた本を棚に詰め終えて、とりあえずのスタートは切れた。しかし当然のことながら品揃えはそこで終わりではない。最初から配本は受けないと決めていたので、こちらから何らかのアクションを起こさなければ何も本が入ってこない。次の日からすぐに売れた本をチェックしての補充作業が始まった。それと同時に、各出版社の既刊本のラインナップを見ながら、面白そうな本を丹念に拾っていくことや、日々膨大に刊行される新刊の中から自店に平積みするものを選んでいくという大事な作業も並行して行っていった。セレクト系と呼ばれる書店は、新しいものは積極的に追いかけないというポリシーの店も多いようだが、本好きのお客さんは、だいたいめぼしい既刊は見て知っている。見たこともない本でワクワクしてもらうには、ちゃんと新刊をチェックしなければいけないと考えた。

商売はフレッシュさが大事なので、平積み商品の銘柄をどう変えていくかがとても難しい。思い入れのある本だからといって、売れるたびに補充するだけでは平積みの顔ぶれは変わらない。どこかで見切っていかなければ棚が停滞してしまう。かといって変えるスピードが速すぎるとお客さんが追いつけない。物理的な商品量とお客さんの購買頻度、商品の回転という3つのバランスを考えることが、小さな書店にとって大切である。

そのような日々の作業の積み重ねによって、お客さんの好みと棚の品揃えがシンクロしてくるように感じられる時は、店が生き物のように思えてくる瞬間だ。常に新鮮な品揃えを維持し、何を買うという特定の目的がなくてもつい立ち寄ってみたくなる。そんな魅力的な本屋であり続けるためには「棚を耕す」とでも表現できる庭仕事や農作業のような地道な手入れが必要だと実感する。

編集棚vs.単品主義

どこに行っても判で押したように同じ品揃えの「金太郎飴書店」の対極として、かつて、リブロの「今泉棚」や丸善の「松丸本舗」などの仕事がよく話題になった。どの棚もそれを作った人の見識に溢れ、本好きを唸らせる立派な品揃えだが、当然ながら、そのような棚をつくるには相当な能力および労力が要求される。また、作り込んだ棚は、思い入れが強いゆえに、売れなかった時にそれを変化させるのが難しくなるというデメリットもある。そこまでレベルの高い棚でなくても、一旦組んだフェアは、多少売上が悪くても、かけた労力ゆえに、なかなかそれをやめる決断をしづらくなるのと同じだ。

だから、うちの店では、棚を編集するために関連を考えて本を選んでいくというよりは、どれだけ店のテイストに合っているか、どれだけ店で売れてくれるかというその本が本来持っている価値だけにフォーカスした「単品主義」とも言える品揃えを心がけている。そうやって選んだ本をある程度ざっくりしたしばりで分けた棚に並べていく。

最近では店舗が増えたこともあり棚詰め作業はほとんどスタッフに任せるようにしている。さすがに全然関連のないところに並べている時には直したりするが、私自身もスタッフの意外な並べ方に新鮮さを感じることがある。

ごちゃごちゃとした籠の中から掘り出し物の陶器を探しだす時のようなワクワク感も感じてほしいので、完璧に作り込んだ統一感のある棚を目指す必要はないと考えている。それと、気が付いた範囲で近しいテーマのものを集めて並べればミニフェア的なものになるので、クリスマスなどの季節を除いては大がかりなフェアにはあまり積極的に取り組んでこなかった。

実際の品揃えでは、現代にも通じる古典や、キューブリックらしい性格を持った定番商品などのベースとなる既刊本と、話題になるフレッシュな新刊がバランスよく配置されていることが重要であると考えている。いわゆるベストセラーも追いかけるが、店のテイストに合わないものは、あえて無視することも多い。なるべくどこの書店でも見かける本ではないものの中から面白そうなものを丹念に拾っていくように心がけている。そうやって、商品をうまく回転させながら、お客さんの購買とかみ合わせることに常に留意しながら仕事をしている。

面白いのは、たまたま棚を眺めている時に、「最近この本はあまり動いていないのでそろそろ返品かな」とふと感じた本が、その日の夜に確認してみたら売れていたなどということが頻繁に起こることである。まるで成績の悪い生徒が、落第させられそうな気配を察して急に勉強を始めるような出来事である。私がよく本のことを「人格を持ったメディア」と表現することがあるのは、こんな体験を何度もしているからである。あれこれ世話を焼く以前に、気にかけてあげることが大事なのは、子育てに通じる部分があると感じている。

POPのこと、残すべき本のこと

どの書店に行ってもPOP（ポップ）という本に付けられたメッセージカードが目に入

ってくる。開店してほどない頃、『白い犬とワルツを』（新潮社）という文庫本が、千葉の本屋さんが付けた一枚のＰＯＰから火がついてベストセラーになった。それからＰＯＰを付けることが大ブームになったと記憶している。その後もＰＯＰがきっかけとなったベストセラーが続いたこともあり、書店員向けのＰＯＰ作成講座などが頻繁に開催されるようになった。その結果、どの書店に行っても派手なＰＯＰが林のように乱立する現象が出現するにいたった。

ただ、うちの店ではＰＯＰを付けることに長らく積極的になれなかった。あまりに乱立したり、大きすぎたりすると後ろの本が見えづらくなるし、帯に書かれていることを繰り返すようなＰＯＰは、まったく必要ないと思っている。ただ、ＰＯＰをまったく付けなかったわけではなく、いい本なのに表紙や帯だけではせっかくの内容が伝わりづらい時や、特別に目立たせたい時に限っては付ける。大きすぎることなくせいぜい名刺サイズくらいのものに留めるようにとスタッフには指示している。その際、「泣けます」とか「感動必至」などといったベタな表現は使わないように気を付けろと言っている。そういった主観的で押し付けがましい文言は、その感覚にフィットしなかったお客さんには、結果的にだまされたという印象を与えてしまう。それよりも、例えば、この本の著者は店の近所の小学校出身ですとか、実は意外な有名人の兄弟です、などといった事実を述べているだけなのに、それを見たお客さんの心を動かすような内容を心がけるようにと指示している。押し付けるのではなく、お客さんが主体的に興味を持って自分の判断で買おうと思える後押しをする程度のＰＯＰが理想だ。

というものの、この15年の間には、受取れる情報がどんどん増えてきているからだろうが、読者の変質のようなものも強く感じている。貪欲に面白い本を探そうという「狩人型（ハンター）」の読者が減って、他人のお薦めのものやランキングなどから手堅いものだけを買おうという受身の人が増えてきているようだ。うちの店のように小さくて事前に選んで置いているつもりでもお薦めはありますかと訊かれることも多い。

そもそも本は、それを作ることに関わった作家、編集者、装丁家などの想いが詰まったパッケージなので、本来はＰＯＰは必要がないと考えている。さらに、本屋は、商品を手にとって中身を自由に確かめることもできるという意味では、お客さんにとってかなり親切な業種である。最近では、若者の体力が落ちているからか、さすがに見かけないが、開業した頃に一冊の本を一日5時間、２日かけて読みきって帰った猛者もいた。食べ物屋で試食と称して商品を丸々食べてしまったら警察沙汰になるだろうが、本の場合何分の一か読んで買わずに帰っていく人などざらにいる。そんな業種なので、15年も本屋をやっていると、立ち読みさせてもらってお世話になりましたなどと挨拶されることもよくある。「買わないとそんな本屋もなくなっちまうぞ」と言いたい気持ちがこみ上げてくるが、先にプレゼントをたくさん配って喜ばれるあしながおじさんみたいなものかなと思って平静を保つようにしている。

先にもふれたが、芸術・文化の世界における基礎教養のようなものがどんどん見当たらなくなってきている時代である。以前なら、当然知っておかねばならない作家や読んでおかねばならない著者などが暗黙のうちに存在していた。そんな知識はもっぱら、私自身も夢中になって読んでいた雑誌や学校の先輩、友人などから伝えられたものだったが、今ではそんな伝承のようなものも少なくなってきているようだ。すべてがフラットなネットの世界ではアクセスできる可能性が担保されているが、書店店頭でもこんな作家の作品がもう手に入らないのかと驚かされることも多い。以前、デザインを学んでいる学生からバウハウスの入門書がないかと問われて調べたところ、ことごとく品切れ・絶版になっていたことがあり、そんなことを考えさせられるきっかけとなった。

書店は、そういった「ニュースタンダード」とでも呼べる書籍を意識して残していく役割を担っていると考えてはいる。とはいえ出版点数が減らず、新しいものが古いものをトコロテン式に押し出していくような状況ではますます難しくなっていくようで暗澹たる気持ちに陥ってしまう。

しかし、これも時代の変化だと気を取り直し、わかりづらいものにはなるべく親切に解説を加えようと努めているので、以前に比べると付けるＰＯＰの量はだいぶ増えてきている。

『日々はそれでも輝いて』――詩の水先案内人

現在のような情報爆発社会においては、あらゆるものにアクセスしやすくなった反面、いいものと出会える可能性は逆に、減ってきているように思える。情報が多すぎるがゆえに、目立ちやすさ、わかりやすさが、過剰に意識されるようになった。その結果、実はその奥に芳醇な世界が広がっているのに、入口がわかりづらいものは避けられる傾向がますます顕著になってきているようだ。

その代表が、文学では詩であり、音楽ではジャズ、アートでは抽象絵画のようなジャンルだ。一度その世界の魅力にはまると探究心が掻き立てられる世界なのだが、それぞれの世界にマニアや半プロのような層が存在し、素人は入ってくるなとばかりに入口を狭めている。

だから、そうしたジャンルに入っていくには、誘ってくれる親切なガイドのような存在が必要だ。うちの店でも、なるべくそのような水先案内人となる本を置くように努めている。新潮社の「とんぼの本」はビジュアルも満載で格好のシリーズだと思えたので、開店した当初はかなりの点数を平積みで展開していた。同社の営業のひとが、初めてうちの店を訪ねてくれたのも、他の大型書店以上にこのシリーズを売っている小さな本屋があるというデータに注目したからだ。

わかりづらいジャンルの代表のような詩の世界の水先案内人としてお薦めしたいのは、谷郁雄さんのエッセイ集『日々はそれでも輝いて』（ナナロク社）という本だ。詩の世界にまったく無縁だった谷さんが、吉増剛造さんの朗読にショックを受け、大学を中退して詩人になってしまったという痛快なエピソードから始まる半生記だ。その後、上京して詩人として活躍していく過程が、余韻を感じさせる味のある文章で綴られる。同時に好きだった詩と詩人についてもたっぷり語られているのだが、そのラインナップにはいわゆる詩人以外にボブ・ディラン、チャールズ・ブコウスキー、レイモンド・カーヴァー、トム・

ウェイツといったミュージシャンや作家なども含まれていて興味深い。もちろん純然たる詩人の素晴らしい作品も数多く紹介されている。この本で、ジャック・プレヴェール、ラングストン・ヒューズといったちょっと昔のいかした詩人の存在を知ったことは、それほど詩の世界にふれてこなかった私にとって大きな出会いであった。

なかでも一番グッときたのが、ヴィスワヴァ・シンボルスカというポーランドの詩人の「詩の好きな人もいる」という作品だ。詩を好きな人は1000人に2人くらいの少数派だという一見、自虐的にも聞こえる分析から始まる冒頭の句にはっとさせられた。自分は、世の中には本を好きな人がたくさんいると思って、本屋という商売を始めたのだが、自分が思うほどにはそんな人は多くないと思い知らされるようなことばかりだったのでドキリとしたのだ。

しかし、シンボルスカは、多くの人が好んでくれるわけではない詩というものの本質はわかりにくさにあり、自分はそのわからないということにつかまり、それを命綱にして生きていきたいと宣言している。

詩や文学、アート、音楽などのジャンルは、90年代以降特に顕著だが、世界全体がわかりやすく数字で割り切れる経済原理で覆い尽くされていく過程では、必要のないものとして扱われる傾向がますます強まっている。一方でそんな時代だからこそ、シンボルスカのように、割り切れないもの、単純化できないものの中に、深遠なもの、神秘的で魅力的なものを見つけだそうとすることも必要だ。合理的な思考や行動から零れ落ちるものを掬い上げる繊細な感受性を持った人間も社会には一定の割合で必要なのだ。このようなジャンルに関わる人間にとって、自分たちが少数派であることを認め、それを卑下することなく、自分たちが大事にしているものを堂々と発信し続ける覚悟が問われている時代なのだと思える。

この詩のガイドとしても読める魅力的なエッセイ集『日々はそれでも輝いて』の装・挿画を描いたのは、広島在住の画家nakabanさんだ。割り箸に墨を付けて描かれたその画は、余白を感じさせる詩の世界にぴったりフィットして、なんともいえないいい味わいを出している。荻窪の書店、本屋Titleのロゴや、先の「とんぼの本」の新しいマークをデザインしたのも彼で、以前、旅をテーマにした絵の展覧会を箱崎店で開催したこともある大好きな作家さんだ。

売れる本、優れた本は数あるが、この本のように醸し出すテイストを含め、心から好きだと思えるような本にはめったに出会えない。２０１１年の刊行以来、当店ではいまだに平積みにしてＰＯＰを付けてお薦めしている。

4　キューブリック・スタイル

ブックオカのこと

開店から無我夢中で走り続けるうちにあっという間に5年の歳月がたっていた。その間、本屋を始める人間などめずらしいという理由で、メディアも好意的に取り上げてくれた。小さな店だったが、けやき通りという大きな通りに面していてよく目立っていたからか、知り合いもどんどん増えていった。そんなつながりの中から、現在も続く「ブックオカ」というブックフェスティバルの仲間たちとの交流が生まれてきた。

「ブック」×「フクオカ」で「ブックオカ」という実に単純なネーミングだが、「福岡を本の街に」のスローガンのもと2006年から毎年秋に開催してきた。多くの本好きに支えられながら2015年に10回目の節目を迎えた本のお祭りだ。

一箱古本市を福岡で

そもそもは、2006年の春頃、書店店主である私と地元出版社・忘羊社、当時は石風社の藤村興晴さん、ネット古書店を主宰する生野朋子さんの3人で飲んだ時、その前年に東京の不忍で開催された一箱古本市を福岡でもやってみたいという話が出たことがきっかけだった。その後、各人が業界の有志を募り十数名の実行委員会を結成。最年長だった私が実行委員長を務めることになった。

料理を食べ酒を酌み交わしながらの楽しい会議を重ねた結果、古本市以外に14ものイベントを開催することになり、総合ブックフェスティバルのような形に発展していった。デザイン、ウェブ制作、広告などのプロが参加していたことでしゃれたパンフレットやホームページもすぐにできあがり、実質半年弱で開催にこぎつけた。

有志による全くのボランティアで運営するイベントにしては大掛かりな内容で、メンバーは毎年秋の開催時期が近づくとてんやわんやの忙しさである。しかし、近年、苦戦を強いられている本や本屋の魅力を改めて広く伝えたいという願いのもとになんとか開催を続けてきた。

ブックオカの中心イベントは、「けやき通りのきさき古本市」だ。当店のあるけやき通りの二十数店舗の商店の軒先に、ネットで応募した一般参加者が、古本を持ち寄って並べ、フリーマーケットのように販売する。いまでは毎年6000人近い人出で賑わう恒例のイベントとなった。

けやき通りは福岡でも有数の散歩道のひとつ。名前のとおり立派なけやき並木が1キロ弱にわたって続く。その通りに約100組の一日書店主が軒を連ねるのだ。

朝から掘り出し物の古本を目当てに来ている人もいれば、散歩の途中にたまたま立ち寄る人もいる。思い思いに各店を覗き(のぞ)きながら通りをそぞろ歩く様子は、何とも言えずいい雰囲気だ。本を媒介に町に自然なコミュニケーションを誘発する、すばらしいイベントだと毎年実感している。

2016年は、10回を一区切りに1年お休みの予定であったが、ボランティアスタッフが自主的に古本市だけは開催したいと言い出してくれた。彼らの尽力で無事11回目の古本市が開催できたが、長く続けているると若い世代が育ってくれているようで嬉しかった。

激オシ文庫フェア

ブックオカでは、書店活性化の催しにも力を注いでいる。毎年、地元福岡の約40〜50書店が参加する「激オシ文庫フェア」という文庫本の共同販売フェアだ。福岡で働く書店員のお薦め文庫本に、各々の熱い思いが詰まった推薦文を印刷した共通帯を巻き、参加書店全店で展開する。帯の文章に込められたパーソナルなメッセージが、店の垣根を越えてず

上）ブックスキューブリックの軒先も“けやき通りのきさき古本市”の会場に
下）開催日にはコーヒーを淹れてパンを売る

らりと並ぶ様は壮観で、他県では見られない熱のこもったフェアだ。

毎回、共通のテーマを掲げ、それに沿って書店員たちから「激オシ」を募っている。「3・11後を前向きに生きるための一冊」「私が売らなきゃ誰が売る！　50年後も売りたい私の一冊」「わたしが惚れた主人公」といったお題をもとに選ばれた文庫はどれも、最新の売上ランキングには登場しないものばかりだ。新刊が平積みのほとんどを占めている現在、普段なかなか出会えない既刊の文庫本との意外な出会いを楽しんでもらおうという企画である。

最初の頃は、事務局で推薦帯を印刷して各店に配布していたので、その帯がなくなった時点でフェアが終了となっていた。そこで、推薦帯のデータはクラウドサーバーに置くことにして、各店が自由にダウンロードできるかたちに改めた。推薦者の数も制限を設けていないので、フェアに取り組む店は、各店の規模や事情に合わせて推薦本を選び、自由にフェアを組むことができるようになった。

こうして毎年バージョンアップしていった結果、販売額は年々上がり、単なるお祭り的なものではなく、売上をとれるフェアとして評価されるようになった。出版社が用意したフェアでは物足りないが、独自フェアに取り組むほどの余裕がないという書店にも喜んでもらっている。

オリジナル文庫カバー

ブックオカ特製のオリジナル文庫カバーを作成し、期間中書店で文庫本を買ったお客さんにそれを巻いてあげるというプロジェクトも2年目から続けている。リリー・フランキー、荒井良二、西原理恵子、宇野亜喜良、tupera tupera、ミロコマチコといった豪華な面々にお願いしてブックカバー用に素敵な絵を描いてもらったが、幅広い層から大変な人気であった。ここ数年は、福岡在住の若手画家・田中千智（ちさと）さんや、福岡県飯塚市出身の洋画壇の大御所、野見山暁治さんなどの画が大きな話題となった。

東日本大震災の起こった2011年には、被災された人たちのために何かできないかと考え、オリジナルノートを販売し、その収益を寄付することにした。福岡市南区の障害福祉サービス事業所「工房まる」と、同じく福岡市に拠点を置く文具メーカー「HIGHTIDE」とのコラボで、かわいいキャラクターをあしらった「ピーナッツくんノート」を制作。収益を大船渡市の書店ブックボーイの店舗復旧資金にあててもらうことにした。趣旨に賛同する書店の店頭でこのノートを販売したところ、こちらも大人気で予想を上回り早々と完売した。

その他にも、「書店員ナイト」というイベントを第1回から欠かさず開催している。これは、もともと、関西の書店員の交流会から名前を借りて始めたものだった。各県に書店組合や各取次の会はあるが、どこも経営者や店長などお偉いさんが中心の会で、日々、現場で奮闘する若手書店員の交流の場はほとんどない。ならば、自分たちで作ろうというのが発端だった。最初は天神西通りのバーを貸し切って開催したが、この会によって書店間の交流が活発になり、「激オシ文庫フェア」に取り組む士気も高まるなど、いい効果を生んでいる。

2回目からはゲストをお呼びするのが恒例となった。福岡出身で直木賞作家の白石一文さん（当時は受賞前）、本屋大賞実行委員会の白川浩介さんと千葉の「酒飲み書店員の会」の宇田川拓也さん、和歌山の書店イハラ・ハートショップの井原万見子さん、『もし高校野球の女子マネージャーがドラッカーの『マネジメント』を読んだら』（ダイヤモンド社）の大ヒットを飛ばした編集者加藤貞顕さん、ミシマ社の三島邦弘さん＆ナナロク社の村井光男さん、『本屋図鑑』（夏葉社）の島田潤一郎さん＆空犬太郎さん、東直子さん＆西加奈子

上）ブックオカの歴代パンフレット。2008年（右）は西日本新聞別刷として
下）書店の枠を超えて開催する“激オシ文庫フェア”

さん（彼女も直木賞受賞の直前）など豪華なゲストを迎えて交流会を開催することができた。

書店員ナイトの他にも、これまでの間には、トークイベントに、都築響一、亀山郁夫、豊﨑由美、角田光代、大竹昭子、津野海太郎、田中慎弥、岡田斗司夫、石井ゆかり、など錚々たるゲストを迎えている。せっかく本が好きで入った書店なのに、店では忙しさに追われて肝心の本の話ができないというフラストレーションを抱えている書店員は、ブックオカのイベントを通じて、たくさんの刺激を得ることができた。

このように、ブックオカでは現場の書店員が横に繋がり連帯して様々な取り組みを行っている。通常、同一地域の書店が共同で販促を行ったりすることはほとんどないので、全国的にも珍しく意義のある活動であると自負している。いまや、書店にとってのライバルは同業他店というよりはむしろ、ネットや携帯、ゲームなど他業種である。本離れが指摘される中、いかに本に関心を持ってもらい、本屋に足を運ぶ人を増やすことができるかが大きな課題である。そのためにも、本好きを喜ばせる仕掛けや話題づくりを積極的に行っていくことが求められている。そんな認識から、これまで様々なイベントやフェアを通して、本と町と人が結びつくきっかけ作りを行ってきた。

その間に、名古屋や佐賀、別府など、ブックオカに刺激を受けて始めたと公言してくれているブックフェスティバルが各地で生まれてきたのは嬉しいことである。数年前には、「ブックフェスティバルのつくりかた」というイベントも開催。そこでブックフェスティバルは面白いよと呼びかけたら、沖縄、熊本、大分など九州内でも開催が相次ぐようになってきた。

書店・出版社・取次

毎年、地道な活動を積み重ねた結果、着実に知名度が高まり手ごたえも感じてきている。こうして続けてこられたのは、何と言っても、広報や事務作業を一手に引き受けてくれている忘羊社の藤村さんの献身的な働きによるところが大きい。地元の出版社は各取次や書店に日常的な付き合いがあるので、両者を円滑に結びつけるのに最適のポジションである。彼が、こまめにコミュニケーションをとってくれていることが、ブックオカが書店・出版社・取次の枠を超えて連帯できている最大の要因である。

それと、何よりもメンバーのよさ、特に企画会議の時間が楽しかったことも大きな理由だろう。食事をし、酒を酌み交わしながらの会議は、しばしば深夜にまでおよんだ。好きな本をめぐる尽きないおしゃべりは、この上なく楽しく濃密な時間だった。自然とアイデアも次々に湧いてきて、その中には、「声に出して読めない日本語（官能小説の読み聞かせ会）」や、「BAR眼鏡男子」など詳しく説明するのも憚(はばか)られるような企画も含まれていた。

博多らしいノリのよさと、ちょっぴりいい加減な明るさで続いたと言える。根底にあったのは、面白そうなことは何でもやってみようというチャレンジ精神と、本好きの人間を喜ばせようというサービス精神だったように思える。

九州・福岡から全国へ

行政などの助成はいっさい受けず、広告やボランティアを草の根的に集めていった。予算やスタッフの規模のわりに比較的短期間で高い認知を獲得できたのは、福岡の街の特性も関係している。九州の中心都市として、新聞・テレビ・ラジオなどのメディアが集中している。これらがこぞってとりあげてくれたことで、福岡全体を巻き込むようなイベントに成長することができたのだ。それと、人口150万人を超える大都市でありながら、街の機能がコンパクトに集中しており、口コミや評判が伝わりやすいという特徴や、お祭り好きな博多っ子の気質も、一役買っているのだろう。

出版社やメディアが集中する東京では日常的に行われているサイン会など、人気作家と触れ合う機会は地方ではまだ珍しい。だからこそ各イベントでは熱を帯びた交流が繰り広げられる。会場での書籍の販売も積み重なっていけば、馬鹿にできない数字になるはずだ。音楽業界では、新譜の発売に合わせて全国ツアーをやることなどあたりまえに行われている。ファンを増やすこうした地道なプロモーションが出版業界では今まであまりにもなされてこなかったように思える。ブックオカのような組織がそんな受け皿になれればちょうどいい。今までの活動を通じて地方都市にも本にまつわるイベントを求める層は確実に存在するという確信を持つことができた。

売れない、未来がないと悲観する前に、考えられるすべての手を打ち、本の魅力を伝える熱いメッセージを発信し続けること。それにどこまで全力で取り組めるかが、今、問われている。

2008年、箱崎店オープン

2008年10月から福岡市東区の箱崎というところに2店目の店を開いている。箱崎は、日本三大八幡に数えられる筥崎宮(はこざきぐう)の門前町として栄えた古い町だ。小さな庚申塚や供養塔なども大切に祀られていて、古い民家や商店も残っている。筥崎宮は、なにしろ約１０００年前から続く由緒ある神社で、元寇の時にお参りしたら神風が吹いたというありがたい伝説もある。

毎年9月12日〜18日の期間には「放生会(ほうじょうや)」という秋の大祭が行われ、箱崎が最も賑わう1週間がやって来る。ちょうど暑かった夏も終わり夜のそぞろ歩きを楽しみたくなる気持ちのいい季節。もともと、「生命あるものを慈しみ、秋の実りに感謝する」という趣旨で始まった、歴史のあるお祭りだ。

期間中に１００万人もの人が訪れるといわれ、山笠、どんたくと並ぶ博多三大祭りのひとつにも数えられる秋の風物詩だ。１キロ近く続く参道にずらりと立ち並ぶ露店の数の多さで知られ、約５００軒にものぼるその規模は西日本一だとか。お祭りの定番、射的や金魚すくいから陶器市、今では全国的にも希少となった見世物小屋まで、ありとあらゆる露店が延々と連なっている様は壮観で一種独特の祝祭感を醸し出している。

もう一つ、箱崎のシンボルといえば九州大学箱崎キャンパスの存在だ。現在は福岡の西に位置する糸島市へのキャンパス移転が進んでいるが、約１００年前の設立以来、学生街として発展を遂げてきた。だからこそ古い町の名残をとどめながらも、その隙間で新しくお店を始める若者も多い町なのだ。そんな、古さと新しさがごちゃ混ぜになったような面白さに惹かれて、2店舗目の出店をこの町に決めた。

開店から、はや8年がたつ箱崎店は、JR鹿児島本線の博多駅から2つめの箱崎駅から徒歩1分の場所にある。1階が書店、2階にカフェとギャラリーを併設し、展覧会やトークショー、音楽会などのイベントも積極的に開催している。本屋が町にコミュニケーションをつくり出す装置として有効に機能するためには文化的な発信が欠かせないと考えていた。カフェという場を使えばその発信が容易になるとの思いから併設に踏み切ったものだ。

周囲は住宅地なので、お昼は赤ちゃん連れのお母さんたち、夜は会社帰りのサラリーマンやOLさんをよく見かける。1階の書店部分は約20坪ほどで、けやき通り店に比べ少し大きかったぶん、通路を広くとりベビーカーもゆったり通れるレイアウトにした。店の隅には子どもが遊べるスペースを設け、おもちゃなども置く。子育て中のお母さんにもゆっくりと本を選んでもらえると好評だ。

5坪ぶん広いだけで、試せることが増えた。平台やテーブルにもスペースを割けたので、話題の新刊やミニフェア、その時々のイチオシ本などを立体的に展示するようにしている。雑貨も積極的に扱うようにした。

最初の頃は、どうして箱崎店を出したのかとよく聞かれた。たしかに、けやき通り店は開店以来、順調に売上を伸ばしていた。とはいえ、そろそろ頭打ちの感もあった。そこで今後のことを考えて、飲食や雑貨・文化催事などの複合実験を行っていこうと狙いを定めたのだ。その2年前から始めたブックオカの活動を通じ、トークイベントの楽しさに目覚めたことも大きかった。生来のイベント好きの血がさわぎ始めたのだ。

人々が集い、コミュニケーションが生まれる場をつくる。先行するイメージを企画書に起こして、改装や在庫、運転資金などにあてる2000万円ほどの経費を、銀行や国民金融公庫に申し入れた結果、無事融資を受けることができた。

ところが、いざ開店してみると周辺は駅舎の移転に伴って再開発されたばかりでまだ人口も人通りも少なく、開店当初は非常に苦労した。折しもリーマンショックのあおりで急激に消費マインドも落ち込んでいた。店を開いたのを後悔したほどだったが、そんなことを考えていても始まらない。イベントだけは最初から、せっせと仕込んでいった。人が来ないのだったら、強引に呼び寄せようという意気込みだった。

イベント終了後には、筋向いのラーメン屋「福よし」で打ち上げをやるのがいつものパターンだった。人数が多くなると、店の前の広い歩道にテーブルを出し、オープンカフェ

上）ブックスキューブリック箱崎店の１階店内
下）交差点の斜向かいから

よろしく、焼き鳥やラーメンを食べる。そんなテーブルから看板の明かりだけが灯った自分の店を眺めるのが、当時唯一の慰めだった。こんなに楽しい場を絶対失ってはいけない。そう自分にいい聞かせるように酒を飲んだものだ。そんな「福よし」も、数年前、大将の病気療養を理由に40年近く続いた店を閉めてしまった。店舗の姿は跡形もなくなり、今では、記憶の中だけの懐かしい思い出になっている。

ブック&カフェの運営

1階の書店から白いらせん階段で2階にあがるとカフェの空間が広がっている。若い頃からずっとイベント関連の仕事についていたので、その空間さえ手に入れば何でもできる、とタカをくくっていた。壁面を展覧会の会場とし、昼間はカフェとして営業して夜はイベントの会場として活用すればいい。ところが、ことはそう簡単ではなかった。カフェの運営に関してはまったくのゼロから取り組んだので、勝手がわからずに苦労した。手っ取り早く、どこかのカフェチェーンやコンサルなどに任せるという選択肢もあったのかもしれないが、何事も自分でやってみないと気がすまないという困った性分だ。コーヒーを飲むのも、美味しいものを食べることも好きだから、なんとか頑張れた。

カフェは、本屋と違ってパッケージ化されて定価も決まった商品を提供するわけではない。メニューひとつを揃えるのにも様々なやり方が存在し、かなりの試行錯誤の時間を要する。材料屋から出来合いのものを仕入れてそのまま出すような店もあるそうだが、飲食店のレベルが高いと言われる福岡では、そんなやり方が通用するとは思えなかった。

とは言うものの、自身の飲食店経験といえば学生時代に居酒屋でアルバイトした程度だ。調理人を雇うことも考えてみたが、飲食の世界は慢性的に人材不足。デキる人間はとっくに独立している。めぐり合うのはなかなか難しい。たとえ、腕のいい熟練のスタッフが見つかったとしても、ひとたび調理やマネジメントという根幹の部分を委ねてしまえば、その人に辞められると一気に店の経営が傾くというリスクが付きまとう。結局はわからないなりに自分が主体になって運営していくしかないのだ。

幸い本屋なので、参考資料はいくらでも揃えられるという強みはある。『カフェスイーツ』など専門誌のバックナンバーを大量に取り寄せて、にわか勉強に励んでいった。並行して募集をかけてみたものの、案の定、さほど経験のあるスタッフも集まらなかったので、素人なりに一緒に試行錯誤を重ね、少しずつ地道にメニューを増やしノウハウを蓄積していった。

カフェ新設の理由は、イベントスペースとして活用したかったからだけでなく、本とコーヒーの相性のよさを実感していたからでもある。東京で本の街として知られる神保町には、たくさんのコーヒーの名店がある。大好きな「J・Jおじさん」こと植草甚一もブックハンティングののち、お気に入りの喫茶店「茶房きゃんどる」でその日の成果を確認するのを日課としていたようだ。本好きだった私も学生時代から手回しのミルで豆を挽いて淹れていたほどコーヒーが好きだった。

買った本を読もうと思って上がったカフェで肝心のコーヒーが不味かったら興ざめなので、オリジナルのブレンドコーヒーを作ることは、どうしてもこだわりたかった。

幸いなことに、福岡は全国的にもコーヒー店やロースターなどが元気のいい地域だ。何人もの世界大会のチャンピオンや入賞者を輩出している。アドバイスをしてもらえる人は周囲にも結構いた。しかし、それぞれが独自の意見を持っている。時には真逆のことを言われて混乱したので、最終的には自分の舌と好みを信じることにした。

上質の豆を扱っている信頼できそうなロースターを探して一緒にオリジナルブレンドを作り上げていった。まず、ベースとなる好みの産地の豆を選び、そこにアクセントとなる豆の配合を変えながら調整していくという作業だ。

乱暴に分類すると、年配の男性は苦味の強いコーヒーを好み、若い人は酸味の利いたコ

上）ある日の箱崎店２階カフェ・キューブリック
下）２階へ上がるらせん階段と新刊コーナー周りは通路もゆったり

ーヒーを好む傾向にある。ただ、私自身は、あまりに苦かったり、酸味が強いコーヒーは好みではなかったので、豆本来の旨味が感じられ、すっきりとした後口にほのかな甘みが感じられるようなコーヒーを作りたいと伝えてブレンドしていった。一日に何杯でも飲みたいので、濃厚すぎず、かといってアメリカンコーヒーのように薄いばかりでない、コクがありながらスッキリした後味を楽しめるコーヒーを目指した。その甲斐あって、開店以来、このオリジナルブレンドの評判はよく、特に女性に気に入ってもらっている。今までブラックコーヒーは受け付けなかったが、うちのコーヒーで初めて飲めたと嬉しい感想を言ってもらったことは忘れられない。

カフェでは、コーヒーなどの飲み物以外にも、カレーやハヤシライスに加え、ワンプレートのランチなど、食事メニューも提供する。ほとんどすべてを手作りしているので仕込みの手間も大変だが、安心安全な食材を使い、シンプルに調理することを基本にして丁寧な作業を続けてきた。

カフェ運営の難しさを実感したのは、ようやく流行り始めたと思ったら、今度は「こんな大変な店はやっていられません」と立て続けにスタッフに辞められたことだった。書店のレジでは、多少待たせてもさほど大きなトラブルにはならないが、カフェのランチタイムで食事の提供が遅れるとかなり面倒なことになる。私もヘルプに入り、ひたすら山になった皿を洗っていた時に正面のお客さんから、いつになったらオーダーが出てくるのだとものすごい剣幕で怒られた経験がある。カフェ運営の難しさをそれこそ身をもって思い知らされた瞬間だった。本屋のレジで受けるのとは比べ物にならないほどのプレッシャーをカフェのサービスでは感じるものだ。

こうしたトラブルをなくすために、お客さんへのサービス提供に関するマネジメントが非常に重要になってくる。仕込みの効率化やオペレーションの見直しなど、考えなければいけないことは山のようにある。大手の外食産業のように資本も人材も潤沢ではない。少ない経営資源をどこに優先的に投じるかも大きなポイントとなる。

そのために、高価ではあったが思い切って食洗機を導入したり、セルフに近いサービスを取り入れたりと様々な改善を図ってきた。結果、以前に比べると繁忙時でもずいぶんと楽にこなせるようになってきた。自分にカフェの経験がなかったので、自信をもってスタッフを育てられなかったということもあって非常に苦労したが、試行錯誤してきたお陰で、カフェの運営のポイントも少しはわかってきたようだ。

雑貨が教えてくれたこと

箱崎店では、雑貨のコーナーを展開している。最初は、私自身は雑貨にさほど興味がなかった。雑貨も置きたいと言ったのは妻のほうだった。けやき通り店よりもスペースに余裕があったから、任せることにしたのだ。

女性の来店動機になるかもしれないな、という程度の軽い期待はあった。けやき通り店は顧客の6割以上を女性が占めていたから、箱崎店も同様に女性をターゲットの軸に据えようと考えていたからだ。

雑貨ならターゲットに合うかもしれない。雑貨が好きな女性は多い。雑貨目当てに来てくれた女性客が、ついでに本や雑誌を手に取ることもあるだろう。安易な読みではあったが、雑貨を大胆に取り入れたスタンダードブックストア（大阪）やソリッド・アンド・リキッド（東京と福岡）などの試みが注目を集めている現状を考えると、あながち外れてはいなかったことになる。

ただ、雑貨を置くにしても、スペースが潤沢にあるわけではないので、どんなアイテムでもいいというわけではない。ブックカバーや文具、紙物雑貨など、なるべく本に近いテイストを持ったものを少しずつ仕入れて売り切るようにしている。

そうやって始めてみたら、徐々に本屋にとっての雑貨の持つ意味がわかってきた。雑貨屋には書店が学ぶところがとても多いのだ。大きく分ければ2つある。

まずひとつは、商品をいかにきれいに見せるかについて。旬のものをうまく回転させていこうと思ったときに、雑貨屋のディスプレイの仕方やＰＯＰの付け方などには学ぶべきものがたくさんある。商品自体だけでなく、店頭を常にクリーンに保つ努力も書店の比ではない。知り合いの雑貨屋が、棚を細かく分割したローテーション表を作り、毎日それをつぶすようにして掃除を行っていたことにも感心した。商品と売り場に手をかければかけるほど売れるということが、体でわかっているからだろう。こんなところも、レジに張り付いて接客したり、パソコン作業ばかりを行い、棚のケアをおろそかにしてしまいがちな書店員が見習わなければいけないポイントである。

もうひとつは、在庫の持ち方について。少ない在庫をうまく回していくという発想は、圧倒的に書店に欠けている部分だ。書店業界はストックに重きを置きすぎていると感じている。

書籍の場合は、自由に返品が出来る委託配本（80頁参照）という流通の仕組みが存在する。さらには、仕入れの支払いを先延ばしに出来る「常備寄託」「長期委託」「延勘（のべかん）」など特殊な商慣行もある。リスクは少ないから、書店はできるだけ在庫をたくさん抱えようとする傾向があるのだ。

しかし、雑貨を扱い始めたことによって、このような常識を疑い始めた。雑貨は基本的に買い切りである。おのずと、仕入れもシビアになるし、仕入れたものをなんとか売り切ろうと智恵を絞ることになる。手堅い物量を仕入れ、売り切ったなら、改めて仕入れる。いかに商品を回転させるかが重要なのだ。

雑貨は売値の60％程度での仕入れが主流である。書籍に比べて利幅の大きい雑貨を取り扱うことで、店全体の利益率を高めることにもつながった。けやき通り店では書籍だけしか扱ってこなかったので、22〜23％だった粗利が、箱崎店を始めてから雑貨やカフェなど利益率の高い部門が加わったことで、両店全体で30％を上回るようになってきている。

書籍の買い切り条件での仕入れ、つまり出版社との直取引についても、真剣に向き合ってみようと考えるようになったのも、雑貨の扱いを始めたことがきっかけだった。

「買い切り」といっても、本という商品の性格上、店頭での立ち読みなどで痛んだりして売れない商品が出てくることは必然なので、多少の返品や交換の余地はあったほうがいい。完全買い切りにしてしまうと、書店側は手堅く売れるものしか仕入れなくなるので、そういった意味でもこの返品許容枠を確保しておくという発想は重要だ。個人的には、買い切りの掛け率は65％前後で、返品許容枠が5～10％くらいの条件が理想と考えている。現状の委託配本にとって代わらないまでも、もう一本のルートとして整備されれば書店経営もより持続可能なものになっていくことだろう。

トークイベントをやる理由

カフェでは、開店当初から積極的にトークショーや展覧会を開催してきた。最近でも毎週のようにイベントをやっている。

カフェという場を持っていると、著者の方にオファーもしやすいし、話があった時にも、躊躇なく手を挙げられるのがいいところだ。なにしろ会場の心配をしなくて済む。その甲斐があって、ここ数年だけでも、角田光代、絲山秋子、東浩紀、津田大介、若松英輔、大宮エリー、想田和弘、柴田元幸……といった豪華なゲストを迎えることができた。

2013年に、念願の谷川俊太郎さんに初めて来てもらった時は、本当にカフェをつくってよかったと思った。はじめて谷川さんの名前を知ったのはスヌーピーで有名なピーナッツブックシリーズの翻訳者としてだった。夢中になって読んだ小学校6年生の頃からじつに40年経った後にこういう形でお会いできるとは夢にも思っていなかった。

トークショー以外に音楽ライブなどもときどきやっている。数年前、来日したブラジルのデュオが、ツアーの途中、熊本と大阪の間にたまたま1日空いているからと知り合いのレコード会社の人から声がかかった。ギャラは集まった金額から払ってもらえればいいとのことだったので、いつもの通り2500円に設定して開催したのだが、次の日のブルーノート大阪では7000円ぐらいとっていたので、しまったと思ったことがある。ともあれ至近距離で見られるのでお客さんは大満足で、私も初めて聞いたデュオだったが、ワールドクラスの実力を持ったボサノバデュオの生演奏を堪能した。

自分が好きだからイベントをやるのはもちろんだが、必ずしもそれだけではない。カフェを使ってイベントをやる理由は他にもいくつかある。

第一の理由は、お客さんに記憶に残る体験をしてもらいたいからだ。私自身50代半ばになっても、若いころに行ったライブや海外での体験などが強く印象に残っている。記憶は時間の経過とは関係なく、「強度」が大事なのだ。フェイスブックやツイッターなどのように、流れていく情報にいくらたくさん触れたところで、時間が経てば大半は忘れてしまうだろう。

トークイベントは、本で得る情報が何倍にもふくらむ「体感」の場だ。だからお客さんには、五感を通じて記憶に残る体験をしてもらいたい。イベントの間は、毎回、お客さんの集中力がぐっと高まるのを感じる。なんとも言い表せない濃密な時間が流れているのだ。終了後は、そのまま懇親会を行うことが多い。ゲストとの交流はもちろん、参加者同士も話が盛り上がる楽しいコミュニケーションの時間だ。

第二の理由は、店にとっても「利益」があるからだ。カフェでは、トークイベントの他に、壁面を使って絵本の原画展や写真展なども開催している。そうしたイベントを催すこと自体が、店の存在アピールになる。従来、書店は立地産業で、待ちの商売と言われていた。しかし、そんなやり方のままだと、デフレが長く続く現在のような状況では、年々、先細っていくばかりだ。だからこそ、展覧会の案内をホームページで発信したり、DMを市内の人が集まりそうな場所に配布したりして地道な集客活動に努めている。店の紹介をしてくれと正面切って頼んでも取り合ってもらえないようなマスメディアでも、展覧会やイベントの情報であれば取り上げてもらえる確率は高まる。「あそこの本屋はいつでも何かやっている」と知ってもらうことが大切だ。お店を忘れられないための努力を惜しんではいけない。実際にイベントに足を運んでもらえれば、参加者と強い絆ができる。そういう濃い関係がさらに発信力を強化する。

第三の理由は、社会にとっても「利益」があるからだ。今後は地域で何かをやりたいという人にもどんどん開放していこうと考えている。地域のコミュニティの核になれるという意味で、「社会の利」に益する可能性もある。

社会学者のレイ・オルデンバーグが、「サードプレイス」という観念を提唱したのは四半世紀ほど前のことになる。家庭と職場の間をつなぐ居心地のよい第三の場所が現代社会では重要であるとし、その成立条件をいくつか挙げている。書店に併設されたカフェで行われるトークイベントは、まさにこの「サードプレイス」の条件を数多く満たしているようだ。

戦後の日本は農村から都市部への人口流入が進み、地縁・血縁のない新しい住民がその地域でつながりをつくっていく際の拠点となったのは町内会だった。しかし、町内会がかつてほど機能しなくなったこともあり、子どもが通う学校での縁に頼るしかないというのが現状である。博多のように伝統的なお祭りが継承されている地域は別として、そうしたつながりをつくるには文化的な共通の関心事を介した「文化縁」のようなものは、かなり有効であると感じている。

15周年、角田光代さんと屋台「花山」の夜

2016年4月22日の夜。箱崎店2階のカフェで「角田光代さんと読む志賀直哉」と題した読書会を開催した。ちょうどその日が1号店であるけやき通り店が開業して15年目にあたるのを記念しての会だった。開業以来、さまざまな作家を迎えてトークイベントや読書会などを頻繁に開催してきたが、節目の会には、今までのゲストで一番印象に残ったひとをお招きしようと考えて、真っ先に頭に浮かんだのが角田さんだった。

2006年から開催しているブックオカで、角田さんがゲストとして初めて来てくれたのが2010年。そこから3年連続で参加してもらった。角田さんの活躍ぶりは充分すぎるほど感じていたし、実際大好きな作家だったので、最初にオファーした時は、恐る恐るメールを書いたものだった。紹介してもらった中央公論新社のひとからも、「超多忙な作家さんなので難しいと思いますよ」と言われたが、あっさりオーケーの返事が返ってきたのには驚かされた。実際お会いしてみると実に気さくでチャーミングなひとなのに、また

驚いたのだが、真っ先に、承諾してくれた理由を訊ねたら、「博多にはまだ来たことがなかったのと、屋台でラーメンを食べてみたかったから」とのこと。博多で本屋を開いてよかったとしみじみ感じた瞬間だった。

ところが当日が近づいてきて、角田さんが都合でイベント当夜に帰らなくてはならないことがわかり、ゲストと酒を飲むことをイベントと同等もしくはそれ以上に楽しみにしているブックオカスタッフは大いに落胆したものだった。そんな気配を察してくれたのか、彼女から、前日に博多入りするので先に打ち上げをしようという嬉しい提案をいただいた。

張り切ってセッティングしたのが、筥崎宮の鳥居のまん前で50年以上前から営業している屋台「花山」だった。男前の2代目大将が切り盛りする焼鳥とラーメンで有名な屋台である。この店が、博多に数ある他の屋台の中でも特別な輝きを放っているのは、古い神社の前という魅力的なロケーションもさることながら、普通の3倍はあろうかというその巨大さで、特に、ふすまで仕切られた座敷まで持っているという点である。

宴会は当然この座敷を貸し切って行ったが、角田さんと同行した文藝春秋のOさんやTさん、翌日の本番で見事に司会を務めた西南学院大学の女子学生3人組や彼女たちのお目付け役である田村元彦准教授、ブックオカメンバーなどが参加し大いに盛り上がった前打ち上げ（？）となった。

トークイベント当日はこの事前顔合わせのお陰で非常に和やかに進行した。終了後のサイン会ではギターを持参しそれにサインをもらって飛び上がっている女性まで現れるなど、今まで味わったことのないほどのハッピーなオーラを感じた会となった。本の業界ももっと著者と触れ合うライブの楽しさを伝えていかなければと考えるきっかけにもなったイベントだった。この会の終了後、彼女を空港まで送る車中で「楽しかったので、来年も呼んでいただけますか」という一言をもらえたことで3年も続けて呼ばせてもらうことになった。

ただ、3年目には「私ばかりだと他の作家さんの枠が無くなってしまうので来年は辞退します」とおっしゃった。そんな心遣いにも感動したのだが、いつかまたお呼びしたいと虎視眈々と狙っていたので、15周年のオファーは自然な成り行きだった。

この日の読書会で取り上げたのは、志賀直哉。参加者に事前に『剃刀』『小僧の神様』『網走まで』などの短編を読んでくることと、角田さんに対する質問を添えてもらうことを条件に申し込んでもらった。イベントで大事なのは、お客さんの参加意識を高めることだと考えているので、こうした工夫はかなり有効だ。私が進行を務めた読書会も無事終了し、その後サイン会、懇親会と続く。カフェが会場なので、移動することなくその場ですべて完結するのが強みだ。参加者は大好きな角田さんと至近距離で話すことができるという夢のような体験にかなり興奮気味。放っておいたらいつまでも続きそうなので記念撮影をしてお開きとしたが、その後、角田さんをお連れして「花山」で飲みなおしたのは言うまでもない。たまたま例の座敷も空いていて、最初の出会いの年を思い出しながらの楽しい記念の夜が過ぎていった。

トークイベントのつくりかた

東京からも著者を呼んでトークイベントを積極的に開催している。地方で著者と交流できるような場はとても少ないので、参加したお客さんのテンションは一様に高い。ゲストの方からも、東京では、お客さんがもっとクールだが、博多は熱いとよく聞かされる。ノリのいい博多の地域性もあるのかもしれないが、東京と地方の圧倒的な文化面での格差も一因となっているのだろう。地方の読者は、そうした機会に飢えているのである。

地方でも、サイン会などは大型書店でときおり開催される。これらはすべて出版社の経費でまかなわれるので、それほど頻繁には開かれない。ただサインをもらうだけではなく、その著者の肉声や考えにふれてみたいと思っている読者も多いはずだ。だから参加者の方にも1500~2000円程度を負担してもらって、ドリンク片手にリラックスした雰囲気で著者と触れ合える機会をつくってみようとトークイベントを始めた。

箱崎店のカフェには大きなガラス窓があるので、それを借景にしてステージができあがる。夜になると車のヘッドライトや、ときどき、夜空を通過する飛行機の機体がアクセントになって、バーのラウンジのように雰囲気を盛り上げてくれる。そんな雰囲気につられ、多くのお客さんがビールを注文する。だからか途中トイレに行きたくて苦しい表情を浮かべる人も少なくない。

トークイベントの場合は、できるだけ私が聞き手を務めるようにしている。講演会のような形式ではないので、ホストとしての聞き手は必須だ。最初はハードルが高いように思えたが、一読者として本を読んで感じたことを率直に少しテンションを上げながら質問していけば、なんとかなるものだ。イメージで言えば「徹子の部屋」のような感じだろうか。ゲストのプロフィールから根掘り葉掘り聞いていくというパターンが多い。その作品をつくるに至った動機は、過去の体験から出てくる場合が多いからだ。スタッフには常々、トークの司会を務められれば一人前と言っているので、少しずつそんな役割を引き継いでいきたいと考えている。

地方でこうしたイベントを開催する際に問題になるのは、やはり経費の問題だ。東京からの交通費や宿泊代などを考えると、お客さんから参加費をもらっても採算が合いそうにないことはある。そんな場合は、熊本の長崎書店や橙書店、大分のカモシカ書店、佐賀のシアター・シエマなど、近県の仲がよい書店や映画館と共催し、九州ツアーのような形で開催する試みも行っている。イベント可能なスペースを持っているところをつないで開催すれば、そうした経費を折半できるので実現の可能性が高まる。

音楽業界などでは、地方のCDショップやライブハウス、音楽カフェなどでライブを行い、会場でCDを売るというセールス方法は一般的である。特にCDが売れなくなってきている現在では、ミュージシャンはますますライブに力を入れる傾向が強まっている。出版業界も本が売れないと嘆いているくらいなら、〝ライブで売る〟というチャネルの開拓につとめてもいいのではないだろうか。

その際、問題になるのは会場と受け皿だが、その他にも先に挙げた場所に加えて新たに、うきは市のMINOU BOOKS & CAFE、周南市のbloom & dream、小倉のナツメ書店など、そのようなツアーで連携ができる仲間が増えてきた。そうした拠点は新刊書店に限らず、

上）ある日のトークイベント。光嶋裕介さん、三島邦弘さんを迎えて
下）ギャラリースペースはカフェ同様にトークライブの客席にもなる

古書店やブックカフェなどでもよい。要は、本が好きで情熱を持って人を集め、ホスト役を務められる人物がいるかどうかである。

作家のトークイベントなどを通じて、そんな地方の文化拠点をつなぐネットワークが少しずつだが形成されようとしている。それが日本全国に張り巡らされたら、本をめぐる環境も少しはよくなるのではと考えている。

雑誌でも本や本屋に関する特集は多いし、ブックオカなどの活動を通じて、潜在的な本好きや、本に関心の高い層がいまだに大勢いることを実感する。そんな層をいかに炙り出して、目に見える形につないでいけるか。試行錯誤の余地はあると感じている。

ほん屋のぱん屋

2016年から箱崎店の2階にパン工房を作り、焼きたてパンの販売を始めている。口の悪い友人などからは、「本屋のくせに、イベントはやるわ、カフェは始めるわで、今度はパン屋ですか」と呆れられているが、これには多少の事情がある。

もともと箱崎店2階のカフェの隣には、料理教室が入っていて、ベーグルを焼いていた。

カフェと教室を仕切る壁の一部を開けて、カフェ内にはそのベーグルの販売コーナーを設け、持ちつ持たれつでやってきた。ところが、その料理教室が急に移転してしまったのだ。不意打ちである。壁を挟んだ別店舗とはいえ、同じフロア。空きテナントとなった以上、次にどんな店が入るのか、という大問題が降りかかってきた。

そこへ、願ってもない話が飛び込んだ。同じ町に店を構える、人気のベーカリー「パンストック」が居抜きで入ることを検討しているという。福岡で最も有名で行列の絶えないお店として知られる名店だ。ところが、この話はうまくタイミングが合わず実現には至らなかった。

がっかりしている私を見かねて、同店のオーナー平山哲生さんが、「大井さんがパン屋をやるなら協力するよ」と言ってくれたのだ。言われてみれば、誰が入るかやきもきするくらいなら自分で入ってしまえば済む話。渡りに船とばかりに乗っかった。その後、平山さんの紹介でご縁がつながり、厨房屋さんも、職人さんもトントン拍子で決まり、パン工房を始めたという経緯だ。

またしてもずぶの素人からの挑戦である。まさか自分でパン屋を始めるなど夢にも思っていなかったが、ゼロからの出発には慣れている。今回もカフェを始めた時と同様、『カフェスイーツ』のベーカリー特集などの資料をたくさん取り寄せて、にわか勉強からのスタートだ。その後、平山さんにも指導・アドバイスに来てもらい、徐々にパン屋としての方向性が固まっていった。

食べ比べてみた結果、外国のものより国産小麦のほうが断然美味しかったので、北海道産のキタノカオリを使用し、外はカリッと焼きあがり、中は水分量の多いもっちりしたハード系のパンが完成した。そのベースの生地にオリーブや、イチジク、クルミ、レーズンなどを練りこんでバリエーションを増やしていった。その他、食パン生地を使った惣菜パンやブリオッシュ生地を使った菓子パンなど、少しずつアイテム数が増えてきている。

改装工事は知り合いのデザイナーの有吉祐人（まさと）さんに依頼し、せっかく自前のパン工房をもつのだ。この際、隣との仕切り壁を撤去し、カウンターを奥に新設してカフェを広げることにした。その結果、席数も増え、イベントの収容キャパも60〜70人くらいにまで増えた。パンは最初、広くなったカフェのスペースで販売していたが、半年後に1階の入口付近に販売コーナーを設け、本格的なパン屋併設書店が完成した。本屋の世界も最近では、様々な業種との複合が試されているので、パンを仕入れて売っている本屋はあるだろう。しかし、パン工房まで併設してしまった本屋はおそらくうちくらいだ。

屋号は、本屋の店名を決める時と同様、散々悩んだ。相当数の候補を出したが、そもそ

上）箱崎店１階パンコーナー。焼き立てのパンと雑誌と絵本が並ぶ
下）ロゴはムツロマサコさんに制作してもらった

もパン屋さんの絶対数が多いから、せっかくいい名前が浮かんでもすでに他で使われていたというケースが頻発した。最終的には、考えるのに疲れてきたこともあり、Books Kubrick の頭文字をとって「BKベーカリー」とすることにした。なかばやけくそで決めた屋号だが、Book、Bakery の意味もあるので、今となっては結構気に入っている。命名と同時に「ほん屋のぱん屋」というキャッチフレーズもつけた。ロゴはイラストレーターのムツロマサコさんに制作を依頼し、かわいく仕上がった。

目下、手探りで試行錯誤しながら進めているプロジェクトだが、売上も少しずつ上がって、周囲に認知されてきているようだ。福岡では特にそうなのかもしれないが、パン好きの女性がとても多く、週末に車でパン屋めぐりをする人の姿も目に付く。最近では百貨店のパンイベントなどから声がかかるようになって知名度が上がり、そんなルートにも組み入れられつつあるようだ。

店に入ったとたんに漂うパンの香りはたまらなく官能的で、本もパンも両方買われるお客さんも多い。カフェでも焼きたてのパンを出せるようになった。イベントの懇親会でもパンがあるので、準備がずいぶんと楽になるなど、いい相乗効果も生まれている。ただ、個人的には、試食が続いたことで、痩せようにも痩せられないというジレンマを抱えるようになったことが悩みである。

スタッフのこと

けやき通り1店舗だけの時代は、スタッフは全員アルバイトの女性だった。イベントも開催していなかったから、品揃えから棚詰めまでかなりの部分を自分でやっていた。時間があったので、それで十分間に合っていた。ところが箱崎店ができてからは、カフェを入れると店が一気に3倍に増えた。より責任をもって関わってもらえる人がどうしても必要になり、正社員を採用することを考え始めた。ただ、それまでアルバイトしか採用してこなかったので、正社員を採用するには、ちょっとした勇気が必要であった。

そんな時、イベントのたびに、打ち上げまでついてきて、どうしてもここで働きたいと懇願する女子が現れた。大学を卒業して社会人になったばかりだったのに、そこを辞めてでも来たいと言う。「本当にいいのか？　給料は安いよ？」とさんざん脅したが、それでも先方の社長を説得してやって来たのが、現在でもエースとして活躍する見月香織（みつきかおり）だ。イベントを見て体験したうえで、そこに共に関わりたいという動機で入ってきてくれているのがなによりだ。本屋は儲けの薄い商売ではあるが、それでも楽しいからやりたいという人が続いて入ってくれているのはありがたいことである。

以前トークイベントのゲストとして、graf代表の服部滋樹さんを迎えたことがある。大阪のデザイン界の若手リーダーだ。その彼の言葉が印象に残った。「僕は〝結社〟という言い方が好きだ。graf は結社だ。一つのデザインを社会に広めるための同じ感覚と目的意識をもった結社だ」。あっ、いい言葉だな、と思った。こういった前提のもとに一緒にやる仕事はコミューン的とでもいうか、普通の会社のありかたとは少し違うような気がする。

本屋というのはそういう業種だと思う。楽しいから時間を忘れて働いていますという職業だ。だから、そんな気持ちを持った人に入ってきてもらいたいし、そういう人にまともな給料を払えるように経営者としてがんばらねばならない。

やはり気持ちが一番大切なのだ。どうしてもやりたいという人がイベントなどを通じて自然と入ってくる形が理想だと思っている。本が好きでその魅力を伝えることに何よりもやりがいを感じているような人と一緒に働きたいという気持ちを常に持っている。最初の頃、カフェは忙しくてやっていられないと辞めていった人はそういう採用の仕方をしていなかった。今はそういった形で入ってきた人が増え、精神的にだいぶ楽になってきた。

以前、モダンダンスの巨星ピナ・バウシュが、若手に振り付けを指導するドキュメンタリードを見たことがある。その中でピナは、若手のダンスで気になるところがあると、踊りを止めて細かく修正したり、指示するのではなく、自身がお手本を示すというやり方で指導をしていたのが印象に残った。山登りのように、目指すべき理想像＝頂を示して、そこにいかに到達するかを共に考えるような組織でありたい。

日記 2016年

1月23日（土） ドキュメンタリー映画監督の想田和弘さんのトーク。2月にKBCシネマで公開される『牡蠣工場』のプレイベント。聞き手は西南学院大学の田村元彦先生。ミシマ社の新刊『観察する男』も完成して、いいタイミング。台本を作らない「観察映画」の手法をたっぷり語っていただく。最後は満員の観客をバックに自撮り。

1月26日（火） 西部ガスの食文化スタジオでカフェソネスの木下雄貴さんと対談。ソネスは、うちのけやき通り店ができる3年前にオープン。薬院から天神に抜ける裏路地に忽然と現れ、カフェブームのさきがけになったソネス開業の頃の話を聞くことができた。物腰柔らかだが芯のしっかりしたナイスガイで町の仲間。

1月27日（水）　市内の公民館の館長と主事さんの年1回の集まりで基調講演。基調講演なという柄ではないが、本屋開業やブックオカ開催のいきさつなどを語る。店のすぐ裏の中央市民センターで場所は慣れていたが、今までで一番聴衆が多かったので若干戸惑いながらもいつの間にか終了。「文化的な縁＝文化縁で地域をつないでいきましょう」などと熱く呼びかけたつもりだがどこまで伝わったか？　ただ、本の紹介はたくさんしたので終了後、持ちこんだ本はほぼ完売。バナナの叩き売りになったような気分。

2月17日（水）　今日から箱崎店2階のカフェを拡張リニューアルしてパンの販売を開始。カウンターを奥に新設してパン工房と連結。インテリアだけでなくiPadレジ、セルフ方式の導入などオペレーションに関しても大幅なリニューアル。スタッフもお客さんも早く馴れてもらいたい。

2月20日（土）　Y氏こと山田孝之さんの『福岡路上遺産』（海鳥社）刊行記念トーク。カフェが広くなって最初のイベント。さすが大人気ブロガー、かなりの参加者があったが、楽々と収容できた。焼き立てパンをたっぷりふるまった懇親会もスムーズに進行し大盛り上がり。イベントスペースとしてよりパワーアップできて大満足。それにしてもオタク率の高い会だった。

3月5日（土）　ヌードルライター山田祐一郎さんの「うどん」トーク。製麺所の息子さんで麺に特化したライターとして有名だが、自費出版した『うどんのはなし』を見た時は完成度の高さに驚いた。今回は、奥さんが6月に福津市に開店するうどん店「こなみ」のお披露目をかねて、おとうさんの麺打ちタイムもついた豪華なもの。参加者全員に打ちたてうどんがふるまわれた。おいしいうどんで皆さんご満悦のいい会になった。

3月12日（土）　今日はコーヒー豆の焙煎をお願いしているマヌコーヒーの承天寺（じょうてんじ）店のオープン。いつも頼む「花匠」さんにお願いしたお祝いのお花がどんな具合かの確認もかねて訪問。久しぶりに西岡総司（そうし）社長と会うが相変わらず元気がいい。店内の壁の色が気になっていたら、マーク・ロスコ調にしてみたとのこと。ロスコファンとは知らず、千葉にあるＤＩＣ川村記念美術館のロスコ・ルームの話で盛り上がる。

3月14日（月）　店休日だったが、朝からカフェスタッフのミーティング。その後、大分のカモシカ書店の岩尾晋作さん来店。数年前、東京国際ブックフェア（TIBF）に私の話を聞きに来てくれて以来の再会。TIBFで質問した彼に、「カネを借りろ、ゲリラ的にやれ」と言い放ったとのことだが、まったく覚えていない。いかにも自分が言いそうなことではあるが、責任は感じるのでトークイベントのゲストを紹介したりしている。九州の大切な本屋仲間だ。

3月18日（金）　柴田元幸さんのトーク。ブックオカで数年前にお呼びして以来2度目。今回は、西南学院大学の読書会を主宰する学生さんが聞き手になった会。最後のシメはやはり朗読であったが、相変わらず素晴らしい迫力。どうして柴田さんの朗読はあんなに魅力的なのだろうか。まるでマジック。

3月20日（日）　先日の柴田さんのトークに引き続き北海道から翻訳家の高橋啓さんを迎えてトーク。文芸誌『片隅』が話題の、熊本で元気な出版活動を続ける伽鹿舎（かじかしゃ）の加地葉（かじよう）さんからの紹介。復刊させたフランソワ・ルロールの『幸福はどこにある』刊行記念九州ツアー。謹呈してもらって読んだが、『アルケミスト』に似た読後感がよかったので聞き手を務める。なんとか終了し、最後は屋台「花山」でシメ。

4月19日（火）　ミシマ社の三島邦弘さんとのトーク。数年前、ブックオカでナナロク社の村井光男さんとの対談をセッティングしたのが懐かしい思い出。6掛け買い切り条件の「コーヒーと一冊」シリーズの話題で盛り上がる。「65掛け、10％返品許容枠でどう」など、さながら商談会。去年のブックオカでの車座トーク以降、版元と直接の交渉が必要になってくると考えていたのでいいタイミングだった。

4月22日（金）　けやき通り店の開店15周年記念日。毎年この日は、ちょうどけやきの葉が繁り出す頃なのがうれしい。夜は角田光代さんの記念読書会のため箱崎に移動する。

4月24日（日）　川崎町のかわさきパン博に出展。数年前、本のコーナーで出展したことはあったがパンでは初めて。目一杯作って車2台に積み込み、娘まで動員して臨んだが開場と同時に一気に殺到するお客さんに圧倒される。有名店にはすぐに長い行列ができていて焦るが、こちらは無名店。徹底して試食してもらう作戦に出たところ、1時間半であっけなく完売。片道1時間半かけて来たのにと思うが生産量の限界、よしとしよう。

5月29日（日）　子どもの本専門店メリーゴーランド京都店店長鈴木潤さんのトーク。『絵本といっしょにまっすぐまっすぐ』（アノニマ・スタジオ）の刊行記念。聞き手は遠藤綾さんが務めてくれたので、純粋に観客として参加できたのが嬉しかった。鈴木さんは、四日市の本店に子どもの頃から通っていたそう。うちの店も小さい頃から通ってくれた子どもが働き出すような日が迎えられたらなどと夢想しながら聞き入ってしまう。

6月11日（土）　東京・西国分寺のクルミドコーヒーの店主、影山知明さんのトーク。一昨年夏、パネラーとして呼ばれたＮＰＯ法人本の学校のシンポジウムに参加してもらったのがご縁。今回は初の著書『ゆっくり、いそげ』（大和書房）の刊行記念トーク。東大法学部～マッキンゼーという絵に描いたようなエリートコースから、地域密着の商売に転じた経歴を根掘り葉掘り。「そこまで聞きますか」と半ば呆れられながらだったが、楽しい時間を共有できた。自分も漠然と感じていたことをすっきり言い切ってくれる明晰さに感心しきり。懇親会に残ったのも同じ匂いを感じられる人ばかりだったのも嬉しかった。

6月19日（日）　昼は谷川俊太郎さんのトーク、夜はアアルトコーヒーの庄野雄治さん＆イラストレーターの大塚いちおさんの対談というダブルヘッダー。どうしてこんなスケジュールになったのか？　谷川さんの会は、武満徹の大ファンである鐘ヶ江進さんとの共催。鐘ヶ江さんと一緒とはいえ、谷川さんの聞き手を務めるのは初めてなので緊張しまくり。なんでもやってみよう精神もいいが心臓によくない。お昼を食べない主義の谷川さんに新しくできたパン工房のパンをお勧めして食べていただく。夜の会は対談なので、緊張もとけリラックスして参加。その後、酒好きのお二人に西日本新聞の塚﨑謙太郎さんらも交えて「花山」から大名のお店をハシゴ。店名および帰宅時間の記憶なし。長い一日であった。

6月28日（火）　毎月1回出演している LOVE FM のラジオ番組「TENJIN UNITED」の日。天神中央公園横のスタジオで生放送。DJ Tomomi さん、ディレクターの玉井エージさんという気持ちのいいコンビともかれこれ2年ちかく経つ。単に店のイベントと本の紹介をしているだけなので恐縮しきりだが、今年の春から音楽のリクエストも聞いてくれるという嬉しいお許しがでた。今日は高校生の頃大好きだったフリートウッド・マックの大ヒットアルバム『噂』から「セカンド・ハンド・ニュース」をリクエスト。当時の自分にとってミューズだった妖精スティーヴィー・ニックスのバックコーラスにうっとり。今後も、積極的に古い曲を紹介していこう。

6月29日（水）　HOOD天神で「福岡移住計画」プロジェクトのトークにMINOU BOOKS & CAFEの石井勇さんと参加。それぞれの書店立ち上げの話をする。終了後は参加者と車座になって持参した本のプレゼンイベント。昔、箱崎店のカフェでやった西村佳哲さんのワークショップを思い出す。あの時も参加者は西村さんにお薦めしたい本を語って熱気あふれる会になったが、今回も相当面白い。皆、自分の人生と関わりの深かった本を熱を込めて語るので、さながらミニライフストーリーを聞いているよう。本ってそんな風にパーソナルに響く存在だし、その響き方も個別なのがまた面白い。

7月1日（金）　去年の秋に新刊書店誠光社を立ち上げた堀部篤史さんとのトーク。恵文社一乗寺店の店長時代にもお呼びしているので2回目。前回のトークの時は、堀部さんに同行した甲斐みのりさんを店の隣の角打ち「丸充（まるよし）」に迎えにいったところを『d design travel』の空閑理（くがおさむ）編集長に隠し撮りされた。福岡出身の空閑さんは、高校の頃できたばかりのけやき通り店に足しげく通って刺激を受けたという。堀部さんには、出版社との直取引で店を始めた経緯などを伺う。順調にスタートダッシュが切れたようで何より。同伴した奥さんとも堀部さんはずいぶん表情が柔らかくなったと意見が一致する。

7月18日（月）　東京・下北沢のB＆Bで『本屋がなくなったら、困るじゃないか　11時間ぐびぐび会議』（西日本新聞社）の刊行記念トークに出席。去年のブックオカでの車座トークの模様を収めた本がようやく完成。車座の参加者でもあるトランスビューの工藤秀之さん、文化通信社の星野渉さんとパネリストとして再会。この内容、ボリュームで2000円アンダー（本体1800円）は驚異的と二人からも賞賛の言葉をもらう。司会はB＆Bの内沼晋太郎さんと嶋浩一郎さん。後半は往来堂書店の笈入建志さん、フリーランス書店員の久禮亮太さん、『これからの本屋』（書肆汽水域）の北田博充さんとの本屋トーク。3時間ずつ計6時間の長丁場だったが、11時間を経験しているので全然問題なし。終了後は、東京時代によく通っていたロック酒場「トラブル・ピーチ」で打ち上げ。まったく変わらずそこに存在していたことに感動。昔の記憶がフラッシュバックする。

8月16日（火）　1階のパンコーナーの設置工事。さんざん悩んで位置や形状を決めた甲斐あっていい感じでおさまる。書店の棚とも違和感なくマッチしてホッとする。外から棚がよく見えるのでパン屋の存在感をだいぶアピールできるようになった。今までは2階の奥だったので「どこにパン屋ができたの？」と聞かれることもしばしば。ようやく本格稼動だが長かった。

8月27日(土) 人気イラストレーター福田利之さんのスライドトーク。『福田利之といくフィンランド』(玄光社)の刊行記念。数年前に公演を引き受けたオペラシアターこんにゃく座の『森は生きている』でポスターを手掛けたお馴染みの作家さんだが、お会いするのは初めて。ポストカードの取扱いに加えて、今回は布ものなどのグッズも展開。トークの後は、地元福岡の出版社アリエスブックスの目黒実さん、山下麻里さんらと食事会。目黒さんとは九州大学子どもプロジェクトの時からなのでもう10年以上の付き合い。掛け合い漫才のようで面白かったと福田さんからメールあり。楽しい食事会であった。

9月9日(金) けやき通りのギャラリーモリタの森田俊一郎さんが中心になって開催するアートフェアの初日。今年で2回目だが会場がホテルオークラ福岡に代わって少しグレードアップ。去年はミヅマアートギャラリーの三潴末雄さんのトークで聞き手役を無茶振りされ大変だったが今年は純粋に観客として楽しめた。相変わらずテンション高めの森田さんなので、来年もやる気満々のよう。

9月13日（火）　昨日から箱崎で放生会のスタートだったが初日はあいにくの雨。今日は晴れたので遅ればせながら店頭にお祭りの提灯を取り付ける。商店街の方の紹介で提灯セットを借りてきてトライしてみた。初めてで勝手がわからず、汗だくになりながら3時間ちかくかかってようやく完了。苦労した甲斐があってお祭りのムードが盛り上がる。あまり天候はよくないようだが、なんとか最後までもってもらいたい。

9月17日（土）　放生会期間中に旧知のギタリスト橋口武史さんのコンサート。箱崎店の開店直後に演奏してもらって以来7年ぶり。知的で奥深い音色は相変わらずで、参加者もうっとりと聴き入っていた。中には涙ぐむ人の姿も。あいにくの雨であったが開演前にはあがり、背景の窓に付いた水滴が、武満徹の曲などにぴったりの演出となりいい効果をあげていた。橋口さんの奥さんの父上お手製ポータブルステージがすばらしいアイデアで驚かされる。うちにもひとつほしいが、時間のある時にチャレンジしてみようか。

10月1日（土）　歌人の松村由利子さんの『少年少女のための文学全集があったころ』（人文書院）の刊行記念トーク。気楽に聞き手を買って出たが、本を読んでみて松村さんが親しんできた児童文学の類を自分はほとんど読んでいないことに唖然とする。後悔先に立たずだが、へろへろになりながら何とかトークは無事終了。文学全集は幕の内弁当とのたとえに共感。思いがけない出会いが大事ということだ。懇親会は、筑紫丘高校から西南学院大学という経歴どおり、さながら両校のOB会の様相を呈する。和やかで楽しい会だった。最後に西南の田村先生も別イベントから合流。

10月4日（火）　今日は1年前に亡くなったSさんの命日。バッハをかけて追悼。17年前福岡に戻ってきた頃、カミサンと事務所をシェアしていた高校の先輩。その後、何度も一緒に飲んだが、素敵な先輩だった。少し離れていたので会うのは年に1〜2回程度だったが、この1年間は、過去の出来事や何をしゃべったかなどを盛んに思い出していた。若松英輔さんの、「死んだ人は生きている者の記憶の中で生き続ける」という言葉が心に沁みる。

10月9日（日）　ビートルズの記録映画『エイト・デイズ・ア・ウィーク』を家族で観に行く。観る前はしぶしぶついて来た感じだった中学生の娘も終了後には「ジョンってカッコいい」と大興奮。たしかに若い頃のジョン・レノンはとても魅力的だ。それにしても当時のビートルズのライブバンドとしての実力は凄かったことを実感。体験してみたかった。

10月11日（火）　赤坂小学校4年生の「総合的な学習の時間」にゲストティーチャーで参加。1学年3クラスすべてを担当したので、どのクラスで何をしゃべったかがわからなくなってくる。娘の同級生の兄弟もちらほらいて楽しい。去年も同様の授業をしているので、最近では店を訪ねてくれる小学生も増えてきた。その前の時間には6年生に向けて「夢について」という授業。やたらに熱く語りかけたので、まるで松岡修造になったような気分。どこまで伝わっているかはわからないが、少しでも記憶に残ってくれればありがたい。

10月15日（土）　フッコウ（福岡高校）・ガオカ（筑紫丘高校）・シュウユウ（修猷館高校）3校のラグビー同期会の日。東福岡高校があんなに強くなる前の新人戦・九州大会・全国大会県予選の決勝はすべてこの3校で戦った。勝つのはいつもガオカだったが、国体の県代表チームで一緒だったメンバーも多く縁の深い3校だ。5年ほど前、うちの店が載った雑誌の記事を見て連絡をくれたシュウユウのK君、ガオカのM君らと中心になって始めたものがもう5回目。40年ちかく前の試合のディテールやお互いどんな精神状態で試合や練習に臨んでいたかという話で大盛り上がり。毎年秋のお楽しみだが、ずっと続いていきそうだ。県予選の決勝で負けてトラウマになっていたが、もうそれも充分癒えた感じ。

10月20日（木）　木下斉さんの新刊『地方創生大全』（東洋経済新報社）の刊行記念トーク。もう3回目になるが、切れ味鋭いトークにますます磨きがかかり、2時間の予定があっという間の2時間半。お客さんもまったく飽きる気配なく大興奮のまま終了後、サイン会へと突入。懇親会も半数近くが残るという参加率の高さ。11時になってもほとんど誰も帰らないので強制終了後、お約束の屋台「花山」へ。2時前お開き。いい歳をしてまたシメのラーメンを食べてしまうが、小ラーメンを選択するところにかすかな理性が残っているか？

10月21日（金）　昨日、ラグビーの平尾誠二さんが亡くなった。とてもショック。同志社の同学年で憧れのスーパースターだった。1年の時、体育理論の最初の授業ですでに女子に囲まれていたのを遠くから眺めたことをよく覚えている。4年の正月、慶應との大学選手権決勝を国立競技場に応援に行ったのもいい思い出。開始早々、すばらしいステップで内に切り込み先制トライをあげたのを真正面で見ていた。大学選手権に3連覇した一番いい時代だった。ビリー・ジョエルの「Only the Good Die Young」を思い出してしまう。合掌。

10月22日（土）　2週間後のけやき通りの古本市に備え、軒先をお借りする店舗への挨拶回りをする。今年は1年お休みの予定であったが、ボランティアスタッフが自分たちが主体になってやると言い出してくれたので開催することになった。ついでに激オシ文庫フェアと書店員ナイトも開催することに。書店員ナイトのゲストは、カモシカ書店（大分）の岩尾さん、MINOU BOOKS & CAFE（うきは市）の石井さん、ひとやすみ書店（長崎）の城下康明さんという顔ぶれ。最近本屋を始めた3人による鼎談で私が司会の予定。『本屋がなくなったら、困るじゃないか』の効果か申し込みの出足がいい。どんなトークが繰り広げられるか。

11月6日（日）　ブックオカがないので例年より余裕のある秋だったはずなのに、なぜか怒濤の1週間が終了。やはり秋はイベントが集中する。2日に建築家の光嶋（こうしま）裕介さん、ミシマ社の三島さんと鼎談。4日に『パリの歴史探訪ノート』（六耀社）の山本ゆりこさんと森田けいこさんのトーク。5日が古本市と書店員ナイトのダブルヘッダー、途中ギャラリーモリタで先日亡くなられた堀越千秋さんの展覧会のオープニングに参加。6日は朝からパンの出張販売の後、西南学院大学での亀山郁夫さんの講演会、夜には、光文社古典新訳文庫の編集長駒井稔さんと伽鹿舎の加地葉さんのトークという無茶苦茶なスケジュール。思わずビートルズの「A Hard day's night」を口ずさむ。本の原稿を書く時間がとれない。

11月13日（日）　千葉から来た両親を連れて九重（くじゅう）高原にドライブ旅行。天気がよくてなにより。定宿であるレゾネイトクラブくじゅうに宿泊。何度も来ているが、本当に大好きな場所だ。帰りにカミサンが内装の仕事をした黒川温泉の漬物屋さんに案内する。

11月30日（水）　福岡国際マラソン開催前の恒例行事となっている警固（けご）中学校の生徒さんとのけやき通りの清掃活動。中学の頃、陸上をやっていたので、店の前がマラソンコースになっているのが本当に嬉しい。先頭集団が風のように走り去る様子に毎年感動する。

5 くらし、ローカル、しごと

博多と福岡の違いがわかった

生まれた場所である福岡に戻って本屋を始めたのは39歳の時だった。親の転勤に伴って、九州、関西、関東の間を行ったり来たりしながら学生生活を送ってきた。そのため、幼稚園で1回、小学校で2回、中学で1回の転校経験がある。

誰かと検証したわけではないが、思春期の転校体験は人格形成上、大きな影響を及ぼすと感じている。誰ひとり知り合いのいない完全アウェイに放り込まれるわけだから、自然にコミュニケーション力が鍛えられたのはよかった。大学に入学以降、海外に何度も行ったり、社会人になってからも新しいチャレンジにためらいがなかったりするのは、転校体験がいい方向に作用したと今となっては思える。しかしその一方で、徒党を組む人たちに対しては馴染めず、嫉妬心や反発心も同時に育まれていったようにも思える。

ところで、県外の人は福岡のことを時には博多と呼び、その違いには無頓着だが、厳密に言うと、福岡と博多は別の国である。地理的には、西日本一の歓楽街中洲を挟んで東側が博多で、西側が福岡。つまり、博多駅や商業施設キャナルシティ博多があるのが博多（区）で、当店があるけやき通りや天神（福岡市中央区）が位置するのが福岡となる。歴史的に見れば、博多は大陸に開かれた貿易港とともに栄えた中世以来の商人町。福岡は黒田藩・福岡城のお膝元で、「大名」や「城内」などの町名が今も残る、かつての武家町である。

高校時代は、博多側の学校に通っていた。そこは、７００年以上の伝統を持つ博多祇園山笠が行われる地域だった。山笠といえば、毎年7月に開催される、日本一の動員数を誇る超がつくほどの有名な祭り。重さ1トンにもなる大きな舁き山（かきやま）と呼ばれる神輿を「締め込み」姿の何十人もの男衆が担ぎ、全速力で町を走り抜ける様子は、まさに壮観。それだけに、開催には尋常ではないエネルギーが必要で、地域一帯は祭りにのめり込む「山のぼせ」と呼ばれる男たちがたくさんいた。転校生気質、流れ者気質の自分は、土着性の強い町（博多）に憧れつつもどこか馴染めない気持ちを抱いていた。

戻ってくる前に4年間いた大阪で本屋を開業することを決意したのだが、その時も最初は博多ではなく、友人が多く暮らす札幌でと考えていたのもそんな印象が残っていたからかもしれない。

その後、約20年ぶりで生まれ故郷に戻って初めて住んだのが、けやき通り店にも程近い桜坂という地区だった。住んでみると、博多に比べて自由な風が吹いているような気がしてきた。調べてみると博多と福岡は違う国だということがわかった。

町人が商売や山笠、どんたくといったお祭りで連綿と続く歴史と伝統を守ってきたのが博多。関ヶ原の戦いで徳川方についた黒田官兵衛、長政親子が、江戸時代になって築いた福岡城の城下町として発展したのが福岡だ。明治になると武士という職業がなくなってしまったこともあり、福岡は博多に比べて地縁の力は希薄である。

現在でも、博多は伝統的な祭りによってコミュニティが濃密に維持されているのに対し、福岡は公園や緑の多い地域の雰囲気を気に入って移り住んでくる新住民の割合が多いという特徴がある。店を開いてから仲良くなった周囲のお店のオーナーにも、各々の事情で福岡に住み着いてしまった関東や関西の出身者が多いのに気が付いた。

古くからの貿易港で、戦後は大陸からの引き揚げ者も多くいたという歴史もあり、福岡・博多は、よそ者に寛容な土地柄である。そもそも、黒田家も岡山からはじまり、姫路、京都、中津（大分）、福岡へと戦国の動乱期に各地を渡り歩いた一族だ。岡山県の福岡という場所が一族発祥の地なので、城を建てた町に福岡という地名をつけたといういきさつもある。数年前に放映されたＮＨＫの大河ドラマ「軍師官兵衛」を見ながら、土地を開いた藩祖自身が「流れ者」であるならば「流れ者」に居心地がいいのは当然だと妙に納得した。

そんなよそ者にも優しい福岡に戻って結婚し、店を開いた次の年には娘が産まれたので、人生における重要な出来事を3年ほどの間に一気に体験したことになる。創業には若さと勢いが必要だとよく言われるが、まさにその間はジェットコースターに乗っているような怒濤の展開の中を無我夢中で走り抜けたという印象がある。

子どもができてみると、食べ物が美味しく、海も山も近くてストレスレベルの低い福岡生活の魅力を改めて実感することになった。東京で働いていた時期はまったく興味がなかったが、子どもと一緒に遊びに行くうちに、40歳を過ぎて海水浴や山登りの魅力にも目覚めるようになった。

最近はそんな福岡の魅力を感じて移住してくる人がとみに増えて、「福岡移住計画」というサイトまで誕生している。先日、同サイト主催のトークイベントに呼ばれて話をする機会があった。福岡は生まれた場所ではあったが、高校卒業と同時に両親も千葉に引越して実家がなかったので、故郷という実感はなかった。あまり意識したことがなかったが、自分も随分早くからの福岡移住組のようなものだと最近になって気づいた次第だ。

『アルケミスト』に願いを込めて

出張で約10年ぶりに訪れた福岡で、高校の同級生であった妻と出会った。高校時代にはお互いに知らなかったが、福岡に移住した半年後には、もう結婚していた。そんな恐るべきスピードで物事が展開したのは、いくつかのタイミングが重なった結果であるが、そのひとつに一冊の本がある。

その本とは、パウロ・コエーリョというブラジル人作家の代表作である『アルケミスト　夢を旅した少年』（角川書店）だ。この本は、羊飼いの少年が夢のお告げに従って宝探しの旅に出かけるという寓話のような小説で、世界中で何千万部も売れたといわれている一大ベストセラーである。

本屋を始めるくらいだから当然ながら昔から本は大好きで、小学生の頃は、自分が気に入った本のあらすじを学校への道すがらずっと友達に語り続けるような子どもだった。大人になってからも好きな本を強制的にプレゼントしたりしていたので、今にしてみれば、周りにいた友人たちはずいぶん迷惑を蒙っただろうと思える。

そんな人間なので、福岡で妻と最初に出会った次の日には当然のように高校時代よく通っていた天神の大型書店へ向かっていた。大好きだったカート・ヴォネガットの『猫のゆりかご』（早川書房）を探しに行ったのだ。首尾よく見つかったのはよかったのだが、文庫本一冊のプレゼントでは安すぎると考えもう一冊選ぼうと手に取ったのが、すぐ近くにあった『アルケミスト』だった。恥ずかしながらその時は、この有名な小説の存在はまったく知らず、印象的なイラストの表紙と意味深なタイトルに惹かれて直感で選んだものだった。

ところが、翌日会って手渡した2冊のうち、妻が反応したのは『アルケミスト』のほうだった。この本が特徴的なのは、小説としての完成度が高いのはもちろん、大切な宝物を探しに旅をするといういわゆる「自分探し」のお話であり、自己啓発書としても読むこともできるという点だ。ストーリーが平易で誰にでも楽しめて、かつ深く読み込もうとすればそれも可能であるといった作品はめったにない。要はプレゼント本として最適なわけで、開業後は、当店では文庫本のみならず、地湧社から最初に出たサイケな表紙の単行本、角川のアニバーサリー版と3種類もの『アルケミスト』が並ぶ特別待遇となっている。

妻は、私がこの本を通じて、本屋開業という夢を追い続けている自分をわかってほしいという願望を込めてプレゼントしたものだと理解したようだ。そのような感想を伝えられて、あわてて読んでみたというのも間抜けな話だが、確かにそうとられても不思議ではないような、当時の自分の境遇にぴったりの内容の本であった。「何かを強く望めば宇宙のすべてが協力して実現するように助けてくれる」という部分などは、開業前の不安で一杯の心に強く響いてきた一節であった。この本との出会いが、妻との縁を深めてくれるきっかけにもなったし、その後開業にいたるまでの様々な困難を乗り越えるインスピレーションを与えてくれた。

小説は、長い旅を通じて成長した主人公サンチャゴが、最終的に出発した場所に戻ってきて足元に埋まっていた宝物を見つけるというところで終わっている。自分も生まれたところに戻ってきて夢の実現を目指しているという意味でも符合を感じられた話だが、その時点では、そんな夢を実現できるかどうかなど、まったくわからなかった。ただ、その後、開業に至るまでに自分に起こったことは、まさに『アルケミスト』を地で行くような出来事の連続であった。

自転車シティ福岡

イタリアに滞在していた頃、イタリア人は、お昼を食べに自宅に戻る人が多いと聞いたことがある。シエスタという昼寝の習慣が残っている地域がまだあり、商店なども昼休みをたっぷり取るお国柄だからこそできることである。また、町がコンパクトにまとまっており職住接近が基本であることもそれを可能にしている。イタリアから帰ってから東京脱出を画策し始めたのは、こんなライフスタイルは、地方都市でなければ実現できないだろうと考えたからである。

たまたま戻ってきた福岡であったが、自宅とけやき通り店は徒歩で10分という距離で、図らずも職住接近は実現している。箱崎店ができた後は、スポーツタイプの自転車を購入し、片道30分弱の通勤を唯一の運動としている。

福岡の市内は、2本の地下鉄が走り、バス路線が縦横無尽に張りめぐらされているが、多少の移動では自転車を利用する人が多い。中心部はほとんど坂がなく平坦なので、自転車での移動がこの上もなく便利なのだ。

けやき通り店から箱崎店に至る道は、試行錯誤の末、大通りを避け、信号のあまりない裏道や公園の中などを通るほぼベストと思えるルートを探し出した。けやき通りから若者の街、大名を抜けて天神中央公園を突っ切り、中洲—博多—東公園—箱崎というルートを通る快適なサイクリングコースだ。福岡、博多、箱崎といった発展の歴史に違いがあるそれぞれの町を串刺しにするコースなので、町並みがパノラマのように移り変わり飽きることがない。

季節がいいときは、公園に咲く梅や桜、つつじ、金木犀などの植物を眺め、川を渡り、海を望みながらの通勤を楽しんでいる。途中、すき焼きで有名な中洲の肉屋「ちんや」、ドラマ「孤独のグルメ Season4」（テレビ東京）や五木寛之のエッセイで紹介された「みやけうどん」、千代町の路地裏で大正時代から続く「立石蒲鉾店」など美味しい店の脇を抜けていくお腹の空くコースでもある。7月の博多祇園山笠の時期には、各町内の飾り山を何本も眺めることの出来る極上のルートだ。コンパクトにまとまった福岡・博多の魅力を堪能できる小トリップを楽しんでいる。

ローカル＆リトルプレスとともに

取次と契約をして本屋を開業したので、最初の頃は取次経由で入ってくる商品が店の在庫のすべてだった。ところがいつの頃からか、いわゆるリトルプレスと呼ばれるプライベートな出版物を、直接仕入れるケースが増えていった。そんなきっかけとなったのがイラストレーターの大橋歩さんが制作した『Arne』だった。

『Arne』は大橋さんが一人で執筆、編集をし、写真まで手がけた雑誌だ。２００２年に創刊され２００９年までの間に30号が発行された。２０１６年には、『Arne もう１回』と題した号が久しぶりに発行されファンを喜ばせてくれた。

最初は、けやき通り店のアルバイトスタッフ第１号であったＩさんが見つけてきて、置いてみませんかと提案してくれた。返品可能な取次経由と違って買い切りなので、最初は恐る恐るだったが、あれよあれよという間に売上を伸ばし、最盛期は毎号１００冊以上を売り上げる人気ぶりであった。同じ頃に創刊されたマガジンハウスの『クウネル』や、その後の『天然生活』（地球丸）などとともに生活誌ともいえる一大ジャンルが形成される発端となった思い出深い雑誌だ。

その後、様々なリトルプレスを同様に直取引で扱うようになったが、『Arne』以降、最高に売れた雑誌が『ヨレヨレ』だ。発行元は、けやき通り店から車で10分ほどの場所にある「宅老所よりあい」。執筆・編集は、以前東京で編集者をしていた鹿子裕文さんが一人で担当。まるまる一冊、認知症の老人が多く過ごす施設「よりあい」で繰りひろげられる日常が描かれている。といっても介護の専門誌ではなく、展開されるのは、よりあい職員と利用者の老人の方々とのドタバタといってもいい日々の面白い出来事だ。表紙のイラストは、創刊当時10歳だった注目の小学生画家モンドくんによるもの。毎号ド迫力の表紙のインパクトやワンコイン（500円）という買いやすい価格設定もあり大きな話題となった。

以前から谷川俊太郎さんのイベントなどを通じて関係のあった「よりあい」から創刊号の取扱いを打診されたのは2013年の年末だった。とりあえず20冊ほど仕入れて販売してみたら、あっという間に売り切れたので追加を繰り返していったところ1年間で3号まで発行された同誌の累計販売数が1400冊に達する大ヒットとなった。当店の売上ランキングでも1位を独走し、同じようにリトルプレスを積極的に扱う各地の書店仲間にも紹介したところ、全国的に火がついた。社会現象と呼べるほどの大ブームを巻き起こしたが、残念ながら4号を出した後、惜しまれつつ廃刊になってしまった。この『ヨレヨレ』や「よりあいの森」という施設を作るまでの経緯などは、鹿子さんの著作『へろへろ』（ナナロク社）に克明に記録されている。

同じ頃、当店のランキングで『ヨレヨレ』と争っていたのが、ナガオカケンメイさん率いるD&DEPARTMENTが発行する『d design travel』の福岡号だ。『d design travel』は、デザインの視点で発掘した各都道府県のいいもの、いい場所を紹介するシリーズだ。

福岡出身の空閑理編集長率いる取材チームが、各地に数ヶ月滞在し、すべて自腹で調査・紹介する異色のガイドブックである。福岡号では私も取り上げてもらったが、デザイン性の高い伝統工芸や長く続く老舗のお店など、地元の人間が意外と見落としがちなものを丁寧に掬い上げて紹介している。

『d design travel』をつくる前には、地元の感度の高そうな人を集めて、自県の自慢できるものを挙げてもらう大規模なワークショップを行うのが通例だという。他県では、それほどではないが、福岡号の時は収拾がつかないほど自慢したいものが出てきたという話を聞いて、さもありなんと思った。博多のお国自慢ぶりはいささか異常だが、自分たちの住んでいる地域の良さを再発見していくことは大切な作業だ。

そんな福岡で、今も残る歴史の痕跡を丁寧に調査したブログが話題になり『福岡路上遺産』（海鳥社）という本を出版したのがY氏こと山田孝之さんだ。「ブラタモリ」の福岡版ともいえる内容だが、歴史ネタ以外にもキッチュなものや珍スポットなども紹介し続けている。そのへんをまとめた『福岡のB面』というリトルプレスも当店で好調に販売を続けている。

九州・福岡の出版社たち

熊本に、２０１５年から『片隅』という文芸誌を発刊して注目を集めている伽鹿舎という出版社がある。代表の加地葉さんを中心とするメンバー全員が他の仕事を持ち、非営利で活動を続けている文芸出版社だ。九州を本の島にしたいという壮大なスローガンを掲げ、九州の書店でしか買えない本を制作するというポリシーでユニークな出版活動を続けている。

その伽鹿舎が、２０１５年末にかつてＮＨＫ出版から刊行され長らく絶版になっていたフランソワ・ルロールの『幸福はどこにある』という本を復刊した。装丁をやりなおし、装画を以前ブックオカのオリジナル文庫カバーの絵も描いてもらった福岡在住の画家の田中千智さんに依頼した結果、思わず手にとってみたくなるコンパクトで美しい本に仕上がった。読み始めたら、あまりにもすらすらと進み、パウロ・コエーリョの『アルケミスト』のような読後感が気に入ったので、翻訳者の高橋啓さんを招いたトークショーを箱崎店で開催した。

その他、同じ熊本では、２０１６年、田尻久子さんが主宰する橙書店が、石牟礼道子、渡辺京二、伊藤比呂美、坂口恭平といった豪華な執筆人を擁した文芸誌『アルテリ』を創刊し大きな話題となった。

　また、福岡では、当店も以前から付き合いの深い、書肆侃侃房の『たべるのがおそい』も同時期に創刊された。九州の文芸誌では20年ぶりとのことだが、『こちらあみ子』（筑摩書房）で知られる今村夏子さんの「あひる」が芥川賞候補になったことでも話題を集めた。

　売れないジャンルの代表のような文芸誌が、このように、同人誌ではなく商業出版として同時期に創刊が相次いだのはちょっとした事件と言っていい現象である。どの雑誌も有名作家と新人作家の作品を混在させたり、版型をコンパクトにしてデザインにも工夫をこらすなど、手にとってもらうための仕掛けが随所に施されている。

　福岡は、もともと地方出版の盛んなところだ。70年代の初めに全国的な注目を集めた葦書房から独立した石風社、海鳥社、弦書房などが全国的に知られる出版活動を続けてきた。最近では、さらにそこから独立したブックオカの仲間である藤村興晴さんの忘羊社が話題作『ボクシングと大東亜』を刊行。同じくブックオカ仲間である末﨑光裕さんが引っ張る西日本新聞社出版部も『ペコロスの母に会いに行く』『戦争とおはぎとグリンピース』など全国的なヒット作を連発している。また、元・九州大学の特任教授で、ＮＰＯ法人「絵本カーニバル」を主宰する目黒実さんもアリエスブックスを設立。絵本作家・荒井良二さんとの共作『鳥たちは空を飛ぶ』を発表し話題を集めている。

もともと、日本の「片隅」である九州は、そこに住んでいる人間の感覚ではひとつの島であり国である。東京中心の出版界の流れをあまり意識することなく、出したいものを自由に出して発信するという元気な動きが面白い。

スコット・フィッツジェラルドの『夜はやさし』（角川書店）という小説の主人公のモデルとなったマーフィー夫妻を描いたカルヴィン・トムキンズの『優雅な生活が最高の復讐である』というノンフィクションがある。タイトルは、スペインの諺から取られたそうだが、日本全体を覆う閉塞した空気感をあまり意識せずに勝手に楽しむ九州人のこのような一面を見る時、ついこのタイトルを連想してしまう。私の生き方のスタンスとも通じる大好きな言葉である。

『草枕』と若冲

本を読んでいる時に、傍らのラジオやテレビから、今まさに読んでいた言葉が聞こえてきたことが何度かある。ユングが言うところの「シンクロニシティ」とでも呼ぶべき現象なのだろうが、最近久しぶりにそんな体験をした。

2007年の1月から3月まで九州国立博物館で開催されていた「若冲と江戸絵画」展を見に行った時の話だ。その日は、たまたま家族が用事で出かけていて、何年ぶりかで体験する一人きりの休日だった。永年福岡に住んでいながら九博どころか天満宮にさえ一度も行ったことがなかったので、お参りをかねて太宰府までの小旅行を計画した。

その日は、3月11日の展示最終日で、桜の季節にはまだ早いものの、うららかな春の陽気を感じさせる日だった。普段は、働いている店から自宅までが徒歩圏内という生活を送っているので電車に乗るのも久しぶり。たかだか片道30分程度の移動なのに、妙にうきうきした旅行気分で出発の準備をすすめていた。列車の旅には文庫本という条件反射のような思い込みがある。家のリビングを見まわしたところ、漱石の『草枕』が目に入ったので、そのままポケットに突っ込み天神から西鉄電車に乗り込んだ。

この『草枕』は、先の正月に帰省した実家で昔の本を整理していて出てきたもので、高校2年生の時に140円で買った新潮文庫だった。今、私の店でも販売している同文庫に比べると極端に文字が小さく薄っぺらなのに驚かされる。よくこんな細かい文字を読んでいたものだと思うが、活字の横には律儀にシャープペンシルの書き込みがある。難しい単語の意味を辞書で調べたのだろう。それが最初の数頁しかないところをみるとどうやらそこで挫折したらしい。それもそのはずで、『草枕』は漱石が「天地開闢以来類のない」小説と自ら語る通り、古今東西の小説や詩、芸術作品などが至るところに引用された高度な小説で、高校生が読んですんなり理解できるような代物ではない。

『草枕』の冒頭は、「山路を登りながら、こう考えた。智に働けば角が立つ。情に棹させば流される」という有名な書き出しで始まるが、この山道が熊本の金峰山付近で、第五高等学校の教師時代の体験をベースに書かれたことなどは、最初に読んだ時は知らなかった。それから30年近くたち、「兎角に人の世は住みにくい」こともそれなりに理解したことや、作中の季節がちょうど春であったことなどから、高校時代よりはずいぶんと興味を持って読み進むことができた。主人公が山道で雨に降られ宿に入ったあたりで太宰府到着となった。

駅を降り天満宮の横から長いエスカレーターを通って九州国立博物館に到着。最終日なのでとんでもない混雑を覚悟して行ったのだが、まだ午前中だったからか思ったほどではなかった。なにせ中学生の頃、上野の博物館で見た「モナ・リザ」展の記憶がある。あの時は、たった一枚の絵を見るために何時間も並び、やっと前に到着しても立ち止まってはいけないという代物だった。上野では同じ中学生の頃だったか、パンダが初めて来た時と映画『エクソシスト』の公開日にもずいぶん並んだ思い出がある。怠惰な大人となった今では考えもつかないが、そんな時代のムードもあったような気もする。

　肝心の展示は大作「鳥獣花木図屏風」がなんといってもメインだが、それ以外にも展覧会のポスターにも使われていた「紫陽花双鶏図」や「群鶴図」など思わず見入ってしまう作品が数多くあった。

　久しぶりに充実した展覧会の余韻に浸りながら帰りの電車に乗り込み、『草枕』の続きを読むうちに、「あっ」と声をあげそうになった。主人公が泊まった宿の部屋の壁にかかっていたのが、まさに今見てきた若冲の一筆で描いたような鶴の絵だったからだ。その部分を引用すると、「横を向く。床にかかっている若冲の鶴の図が目につく。これは商売柄だけに、部屋に這入った時、既に逸品と認めた。若冲の図は大抵精緻な彩色ものが多いが、この鶴は世間に気兼なしの一筆がきで、一本足ですらりと立った上に、卵形の胴がふわっと乗かっている様子は、甚だ吾意を得て、飄逸の趣は、長い嘴のさきまで籠っている」となっている。おまけにこの数頁前には、これも同じ展覧会に出品されていた長沢芦雪まで登場している。あまりのタイミングのよさに冬でもないのにちょっと背筋が寒くなった。

今の若冲ブームは、この展覧会のコレクションを所蔵しているアメリカ人のプライスさんによってもたらされたものだと聞いていたが、なんのことはない、日本が世界に誇る文豪が100年前（『草枕』は1906年発表）から評価していたわけだ。ちなみに、この『草枕』は、私の大好きなピアニスト、グレン・グールドも熱心な読者だったということも後で調べてわかった。一種の隠遁者だった彼がこの作品にひかれたのもわかるような気がする。

「若冲」展のコピーが、たしか「江戸の先端、今も先端」だったと思うが、輝きを失わない古典のすごさを実感、いや、体感した一日だった。

（「ブックオカ　福岡を本の街に」HP　リレーコラム　2007年6月14日）

EXPO'70・強烈な万博体験

子育てをしながら、同じ年頃の自分は何をしていただろうと考えるようになった。そのうちに、イベント制作の会社に入ったり、本屋をやりながらイベントばかりやっているのも、原体験を探ると大阪万博に行きつくのではと思えてきた。

福岡で生まれた後、入った幼稚園で早くも最初の転園を経験することになる。引っ越した大阪も結局2年半ほどしかいなかったが、そこを去る直前に、おそらく１９６４年の東京オリンピックと並ぶ戦後最大のイベントである大阪万博に出会えたことはラッキーであった。

当時住んでいたのが、開催地吹田市の近くである高槻市だったこともあり、この万博に5回も行ったことははっきり記憶していた。社会人になってまた大阪に住んでいた頃、フリーマーケットで万博手帳なるものを手に入れた。懐かしさを覚えながら読みふけっていたところ、開催期間が１９７０年の3月14日から9月13日までという記載を見て不思議な気持ちになった。なぜなら、その年の4月からは千葉の小学校に転校していたので、開幕してからわずか半月ほどの間に5回も行っていることになるからだ。なぜかと思い母親に尋ねたところ、万博を目当てに親戚が入れ替わり立ち替わり訪ねてきて、そのたびに子どもだった私が便乗した結果の5回だったとのことだった。

なにせ半年の間に日本の人口の半分を超える６０００万人以上の来場者があったという国家的な一大イベントである。当然、宿をとるのは難しかっただろうし、その期間を目掛けて親戚が押し寄せても不思議ではない。ちなみに、万博会場でカチ割氷を売っていた業者がビルを建てたという話を聞いたことがある。氷は暑い時季にしか売れないのでせいぜい3ヶ月程度の販売でビルが建ったということになるが、驚くべき逸話である。

会場では岡本太郎の太陽の塔やお祭り広場、動く歩道、アメリカ館の月の石などの印象が強烈に残っている。小学校2年生の子どもには刺激的で夢のような世界を体験させてもらえた、まさにワンダーランドのような場所であった。

もの心がついて以来、前しか向いて走ってこなかった。そんな大人にも、過去を振り返って、自分の成り立ちを確認できるという意味で子育てはお勧めである。以前、亡くなられた長田弘さんの講演を聞きに行った時、ワーズワースの詩「虹」の一節「子どもは大人の父だ」をあげて、原意とは違うが、「子育てを通じて、初めて子どもは大人になる」と解釈したいと言っていたのが印象に残った。

この詩の原意は、子どもの頃に感じた自然への敬愛を大人になっても大切にし、忘れたくないというようなものだ。過去を思い返してみても、中学生くらいになると、もうシラけた同級生は結構な割合でいたような気がするので、小学生くらいまでのわくわくする体験=「センス・オブ・ワンダー」が将来に大きな影響を与えるのではないかと推察している。

大学時代の友人Y君は、東京で上場企業に就職したにもかかわらず、奥さんとアイリッシュミュージックを体験したいという理由で会社を辞めアイルランドに2年間滞在。帰国後、神奈川県の茅ヶ崎でカフェを開業したが、しばらくして奥さんの地元奄美大島に移り、夫婦でカフェ経営を続けている。奄美に移住した年の夏に早速遊びに行ったのだが、横浜で生まれ育ったとばかり思っていた彼も万博の時、親の転勤で大阪に滞在しており、私を上回る8回も行っていたことがわかった。幼い頃の強烈な万博体験がその後の生き方に大きな影響を及ぼしていたことをお互いに確認しあった夜であった。

けやき通りの小さな仲間たち

ブックオカの古本市を続けていくうちに周辺の店舗オーナーとも仲良くなっていった。けやき通りには、天神や博多駅周辺とは違い、大資本のチェーン店は少なく独立開業した店が多い。中には、珈琲美美（びみ）、ギャラリーモリタ、ヌワラエリヤ、工藝風向、パッパライライ、写真のアルバスなど全国的にも知られている店も点在している。そんな店のオーナーたちと、「けやき通り活性化委員会」という会を作り、通りのオーナーを中心としたお話会や、音楽祭などを開催してきた。それと同時に、以前から活動する環境保全団体「けやき通り発展期成会」にも誘われメンバーになっている。こちらは1993年に地元のビルオーナーなどを中心に設立された団体で、国土交通省と連携しながら歩道の改装、プランターの設置や植栽、けやきの木のライトアップや清掃活動などの景観整備に取り組んでいる。

後者の会の設立当初に制作された周辺の散策マップを2015年に久しぶりにまた配布しようということになり私がその制作を担当した。イラストレーターのムツロマサコさんが制作したかわいいキャラクターを表紙にあしらい、周辺のお店の紹介や、歴史、イベントカレンダーなどの情報をコンパクトにまとめたものだ。2万部印刷したが好評で1年弱で配布を完了した。現在はブックスキューブリックのホームページに転載している。

こうしたマップ制作や古本市の活動を評価してもらい、店のすぐ裏にある赤坂小学校4年生の「総合学習」のゲストティーチャーに招かれ、2015年から参加している。生徒が、けやき通りの探索をして、通りをもっとよくするプランを考えグループに分かれて発表するという授業だ。われわれの時代は外に出ての授業など社会科見学の時間くらいしかなかった。このように周囲の大人たちと交流し自分の意見をまとめて発表する実践的な授業はうらやましい限りだ。

さらに同じ学校の6年生に向けて「夢について」話す授業も担当している。将来の夢を持ち、自分の生き方を深く考えさせるきっかけにしたいという趣旨で依頼があった。自分が小学校の頃にはっきりした夢を描いていたとはとても思えなかったので多少困惑しながらも引き受けた。

大人は、そうしたほうが意欲的な子どもが育つと考えてか、よく「夢を持て」と子どもに言う。そうして、目指すべき職業を早めに決めさせ、それに向けた準備をさせようとする。以前に比べ、就職状況が厳しいということもあるだろうが、社会や職業について早くから考えさせる機会が教育現場でも増えてきているようだ。中学生になると、どこの学校でも職場体験の授業があり、当店でもけやき通り、箱崎両店で毎年5〜6人の生徒を受け入れている。

授業自体は、社会や職業について考えさせるいい機会になるとは思うが、実体験が乏しいうちから職業を無理やり決める必要はないと思っている。私も学生の頃は何をやっていいかわからず、社会人になっていくつかの仕事を経るうちにようやく今の仕事にたどり着いた。社会に出て体験を積み重ねないと見えてこないものもたくさんある。特に、現在のように長らく続いた資本主義の行く末さえ定かではないような状況では、10年、20年先の社会がどうなっているかなど誰にもわからない。

だから、身に付けるべきは、社会がこうなったらいいという理想像を想い描く力や、足りないものを発見することができる感性や洞察力を磨くこと。さらに、それを伝えるコミュニケーション能力を鍛えることなのだと思う。そうした力を持っていれば社会がどのような状況になっても意欲的に生きていけるからだ。そして、磨き上げた能力と、自分の性格や興味関心、社会のニーズなどとのバランスを考えながら自然に納得できる職業と出会えればいい。

古い世代が想像もできないようなすばらしい未来を新しい世代は思い描くことができるものだ。だからこそきらきらした感性が消えないことを願いながら、小さな仲間に熱く語りかけている。今、10歳前後の小学生も10年もたてば社会人になる。ともに活動する仲間づくりをしているような感覚である。

年末最終日はビル・エバンスで

本と同じくらい音楽も好きだ。とりわけマニアというわけではないが、若い頃から、ロック、クラシック、ジャズ、ボサノバなどに幅広く親しんできた。なかでもジャズは店を始めてから特に好きになったジャンルだ。日本ではどこもかしこもジャズがかかっていると揶揄(やゆ)されることも多いが、店で聴くには歌詞のある曲は飽きやすいこともありどうしてもインストゥルメンタルのジャズが多くなる。

店では年末最終日は、必ずビル・エバンスをかけると決めている。大好きなピアニストだが、普段だとお客さんが居心地が良過ぎるからか、本を読みふけって店が固まったような印象になってしまう。店を適度に活気付けるためにも、もう少しテンポのある曲をかけるケースが多い。それが年末最終日は、お客さんの数は少ないが、帰省や正月休み用の本をゆっくり探しに来ている感じの人が目に付く。そんな日には、静かでしっとりとしたエバンスのピアノがぴったりマッチするのだ。

すっかりお気に入りのジャンルとなったジャズだが、若い頃は、マイルスやコルトレーンなどビッグネームの代表作を多少聴きかじっていた程度だった。それが、店で長時間ジャズを聴き続けているうちに、自分の好みの音色を持ったミュージシャンがわかるようになってきた。ハンク・モブレー、リー・モーガン、ケニー・ドーハム、ウィントン・ケリーといった、ジャズジャイアンツと並び称されることはないが、味のあるプレーヤーの魅力に目覚めたことがジャズを好きになるきっかけとなった。

ジャズの世界は、「ジャズ耳を鍛える」といった言葉があるように、ある程度聴き込まないと良さがわからない世界ではある。蘊蓄を語るオジサンが多いので、せっかく奥に芳醇な世界があっても、敷居が高くて素人や女性にはなかなか入っていきづらい世界だ。だから、そんな「もったいない」現象を少しでも解消できればと思い、店では自分が聴いてきて誰でも楽しめると思えるCDを少しだけ販売している。ジャズに詳しい人から見れば初心者向けのものばかりと思われるかもしれないが、はなからマニアは相手にしていない。特に町のCDショップがほとんど消えてしまったような現在では、本屋でジャズCDに出会えることには多少の意味があるのではと思っている。

われわれが若い時代は、ジャズでも現代音楽でも現代美術でも、多少難解で高級そうに見えるものは、他人との差別化を図る道具のように使われていた節が多分にあったように思える。大学生の頃、一時、ニューアカ（デミズム）と呼ばれるブームがあった。フランス現代思想が話題になり、本を読むことがかっこいいとされた最後の時代だった。それがかっこいいどころか、暗い趣味と思われかねない現代では信じがたいが、ろくに読めもしないのに、ドゥルーズ＝ガタリや浅田彰の本を買ったりしたものだ。

インターネットがまだ出現していない時代で、情報が広く開かれておらず、知識が特定のところに偏っていた。そして、それを識っているインテリが尊敬されていた時代だった。だからこそ、たとえ難解であっても知らないものに対しては貪欲だった。そんな時代に育った大人からすれば、現代の若者が受け身で、あまりにも基礎的なことを知らないと嘆きたくなる気持ちもわかる。

ただ、嘆いているだけでは、現在のように情報が多く、個人の好みも蛸壺化している状況だと、いくらいいものであっても若い世代にはまったく伝わらない。だから、いいものを知っている大人は、それを自明のものとは考えずに、繰り返し親切に次世代に紹介し続ける責任がある。教条主義的だとか懐古趣味などという批判を恐れることなく、普遍性を持っているものを勇気をもって伝えていくことが必要だ。いいものは古びないし、永遠に新しい輝きを失わないものはたくさんある。ビートルズですらすでに半世紀前の音楽なのだ。村上春樹の作品で若い世代が、スコット・フィッツジェラルドやグレン・グールド、スタン・ゲッツなどを知ったように、いつの時代も過去の文化遺産の継承者は必要だ。大人に求められているのは「差別化」などではなく「共有」という寛容な態度ではないだろうか。

6 本の流れの川下から

ぼくも本屋のおやじさん

どうしても本屋をやってみたくて、いわゆる独立開業をして2001年春に福岡のけやき通りに15坪ほどの小さな店を開いた。

店の名前は、開業した年からの連想で有名な映画監督の名前を拝借させていただいた。開業にあたっては関連する本をだいぶ読んだが、その中でも『ぼくは本屋のおやじさん』(晶文社)は特に印象に残っている。

ご存知の方も多いと思うが、この本はミュージシャンの早川義夫さんがバンド解散後に神奈川に小さな本屋を開業した際の話だ。まったくの素人から本屋を始めた早川さんが素朴に感じた疑問や嘆きなどが、悲哀に満ちた味のある文章で切々と綴られている。出版からすでに四半世紀が経つ古典とも言える本だが、驚くのは、この中に書かれている嘆きのポイントが、多少の程度の差はあるにしろ根本的にはいまだにほとんど変わっていないということだ。自分自身も、多少のアルバイト経験はあるものの、ほぼ素人同然で店を始めたので、最初の頃は戸惑うことも少なくなかった。

その中で今でも忘れられないのは、ある大手出版社の新刊がほしくて事前にＦＡＸで注文書を送った時のことだ。発売後待てど暮らせど届かないので調べてもらおうと電話すると、「当社は発売前の注文は受けておりませんので、注文書は破棄させていただきました」との回答。大手出版社は事前予約を受けないという常識（？）をその時初めて知ったわけだが、それにしても客（と思われていないところが問題なんだが）からの注文書を棄てる会社があるという事実に強いショックを受けた。当時は（今でもそうだが）何年か続けての推定販売金額前年割れで、盛んに「出版不況」が叫ばれていた時期だが、「これじゃ売れないのも当たり前だろう」と思った記憶がある。

この本の早川さんも結局店を畳んでしまったし、自分自身も開業してみて小さな店が潰れる理由が身にしみてわかった。つくづく割に合わない大変な仕事だと思うが、それでも続けているのは、やはり、本が好きで本屋を大事だと思ってくれるお客さんと喜びを共有できるからなんだろう。

（『新文化』コラム「レジから檄」新文化通信社　２００７年７月26日号）

格差社会

世間では、小泉・安倍政権下で様々な格差が広がったと言われているが、書店業界ではとっくの昔に格差社会は実現している。

開店して数年は、出版社の営業マンもほとんど訪ねて来なかったし、取次の担当者にも年1回ぐらいしか来てもらえなかった。何も手とり足とり教えてもらいたかったわけではないので、さして気にも留めていなかったが、ある時大手書店のひとから聞いた「うちには取次担当者の席があって毎日来てますよ」との一言には心中穏やかならざるものを感じた。店の規模が違うとはいえ、365日対1日、すなわち365倍のサービスの開きはやはり格差だろう。

また、大型書店では山のように積んである新刊が地方の小書店には全然入ってこないなんて話も、一向に状況が改善される兆しはない。

これ以外にも様々な面で、大型書店と小書店、それも首都圏と地方の書店では置かれている境遇に大きな隔たりがある。資本の論理と言ってしまえばそれまでだが、再販制度に守られ全国津々浦々に張り巡らされていた書店という「知のネットワーク」は、この国の知的水準の維持に少なからず貢献してきたはずだ。地域にとっての「文化インフラ」とも言えるこれらの小書店が今や壊滅状態にある。

全体の売上が保てればいいとの考えで大型店の出店で帳尻を合わせてきたが、それももう限界を迎えている。草の根的読者の開拓に大きく貢献してきた地方小書店の減少が、今、じわじわとボディブロウのように業界全体の体力を奪いつつある。出版社や取次もこれだけ書店の数が減ってしまったのだからランク（80頁参照）なんてものを振りかざして書店を選別しようなどと考えず、残った数少ない販売の砦を再生し活用することに全力をあげて取り組むべきであろう。

2007年の参院選でもそんな結果が出たように、多くの人は「格差」ではなく「共生」を求めている。そのために必要なのはランクなどではなく、例えば、どんな田舎の小さな書店でも、事前に注文すれば発売日に村上春樹の新刊を平積みできるような「まっとうに機能するシステム」や「ルール」を作っていくことなのだと思う。それには当然書店側の意識改革も伴なわなければならないのだが……。

（『新文化』コラム「レジから檄」新文化通信社　2007年8月30日号）

出版・書店業界の流れや問題点

だいたいどの小売の業界もそうだが、１９９０年代後半をピークに売上は減少を続けている。戦後の高度経済成長期を経てバブル経済に至るまで、一貫して右肩上がりの成長が続き、需要が供給を上回ってきた時代が反転し始めたのがその頃だ。それにもかかわらず、以降も出版・書店業界では、出版点数は増加し続けてきた。

これは委託配本（80頁参照）という仕組みによるものが大きい。書店が注文しなくても、取次が書店に対して自動的に本を届けてくれるという意味では書店にとって便利な仕組みだ。しかし、店頭に本が届いても、売れなければ書店にお金は入らない。一方で、実際に売れるかどうかにかかわらず出版社は取次に、取次は書店に本を納品した段階で売上が立ってしまう。「配本」という川上（出版社）主導のこうした仕組みは、大量生産・大量消費の時代にはうまく機能していたが、長くデフレが続く現在では現状にうまく対応できないシステムとなってしまっている。需要に関係なく、供給側の意向で流通量が決まるので、必然的に返品が多くなり、その割合は４割近くに達している。

本来であれば、経済成長が反転し始めた時点で、売上が伸びない中でも利益を確保できる体制にシフトしていくべきだったのだが、２０００年代に入ってからも大きな変革は行われずにきた。

商売の現場では、仮説を立て、それを実験、検証するというサイクルで商品を回転させていくことが重要だが、業界の配本システムには、あまりにも、これらのサイクルが欠落しているように思われる。メーカーが勝手に作ったものを書店の規模によって分配しているだけで、いわゆるマーケティングの観念が乏しい。

本の売れ方には、著者のネームバリュー、内容（デザイン）と価格のバランス、話題性、販促法など、さまざまな要素が影響する。それを同じ著者の前作や同ジャンルの類似商品との比較など単純な指標だけで判断するのは、あまりにもアバウトだ。取次の仕入が雑だと当然配本も雑になる。どんな商品も飛ぶように売れた時代ならまだしも、これだけ物が売れない時代には、川上主導で戦時中の「配給」を連想させるような配本がうまく機能していないのは明らかだ。

この業界は、配本に頼って書店側が品揃えのスキルを磨いてこなかったので、「金太郎飴書店」と揶揄されるように、規模は違えど、どこに行っても品揃えが同じという状態が続いてきた。そういった状態から抜け出すには、書店が配本に頼るばかりでなく、顧客の嗜好を踏まえた魅力的で提案のある棚づくりに努めることが必要だ。

さらには、ツール（書影や参照できるデータが入った出版予定の商品のカタログなど）を整備すること、書店の事前注文によって発売日に希望した冊数が入荷する仕組みをつくること、企画から発売までの間に充分な準備を行いプロモーションなどの話題づくりをしっかりすることなどが必要になってくると考えている。

その前提として、返品が折り込み済みとなっている現状の委託取引条件に、「買い切り」条件を組み合わせることで従来より書店にとって正味のいい取引の仕組みを作っていくことが必要だ。なにしろ現行のシステムは書店が１００冊注文して１００冊まるまる返品してもなんのお咎めもないという仕組みだ。少し売れだすと、過剰な発注を出す書店と、返品を恐れて「調整」という不思議な言葉のもとで納品冊数を減数してくる出版社との綱引きが日常的におこなわれている。

『本屋がなくなったら、困るじゃないか』に収録された、文化通信社の星野渉さんによるドイツレポートでも、独立系中小書店の元気の良さが報告されている。その前提となっているのは、やはり「買い切り」（多少の返品は許容されている）を前提とした仕入正味のよさや、顧客の嗜好をよく踏まえた丁寧な品揃えである。川上主導でなく顧客に一番近い川下の小売現場がイニシアチブを発揮し、それも当店のような地方の小さな書店が元気よくやっていけるようになることが業界の再生に繫がると考えている。

やがて消え去る？　紙の本について

現代はインターネットが万能のように考えられていて、それさえあれば本は必要ないと考える人も増えてきているようだ。しかし、本は、単に情報を得るだけの道具ではなく、感動や情緒を伴った心の栄養となる食事のようなものである。紙の本は、装丁や文字組みから写真、紙質やインクの匂いなどを含めて五感を刺激する官能的な要素も持っている。また、本を読むことは、一種の習慣のようなものだ。世の中で起こっていることや人生の不思議を理解したいという欲求が強ければ、古今東西の人間の叡智が詰め込まれたドキュメントである本に向かうのは至極自然なことと思える。

そのドキュメントを受け取るツールが多様化しているのが現代だ。中身の文章を読むのだから、それを受け取るツールは何であってもかまわないと言う人もいるが、私は断然、紙の本が好きだ。実体のあるものが好みのパッケージ派だ。仕事でパソコンやインターネットを当たり前に使っているので、ディスプレイで文字を読むことも多いが、できればこれは仕事だけにしておきたい。

音楽の世界でも、若い世代では、ＣＤは買わず一曲毎にダウンロードして楽しむのが当たり前になっているようだ。ただ、私は音楽をダウンロードして聴こうとは思わないし、ＣＤというパッケージが気に入っている。子どもの頃から成人するまでＬＰで育ってきた世代だが、ずぼらな人間にとっては扱いが楽で裏返さずに全曲聴けるＣＤは理想のメディアだ。さらに最近中古ＣＤの値段が下がってきているのも嬉しいことである。若い頃興味があったが、何らかの事情で機会を逃していたＣＤを改めて聴くのも楽しいものである。

ダウンロードしてヒット曲だけ聴くというやり方は、たとえて言えば、シェフが作ったコース料理の一部をつまみ食いするようなものだろう。せっかくアーティストが、一枚のアルバムを通じ、ジャケットワークまで含めてトータルに表現しようとした世界観を感じ取ることができなくなる。最近は、昔ＬＰで持っていたアルバムのＣＤを車の中で聴くことが多いが、何度も繰り返すうちに、以前は何とも感じなかった曲の魅力に気がついたりすることも多い。

ネット社会は進展していて止めようもないし、それはそれで仕方ない。自分も経営者で忙しく、店の備品などをネットショッピングで買ったりしているので、その利便性はよく理解できる。電子書籍もビジネス書のようなものとは親和性が高いと思うし、そのような部分で紙の本のシェアが奪われていくのはしかたがないと思っている。

２００９年にアマゾンのキンドルが上陸することをきっかけに電子書籍の話題が突然盛り上がったことがあった。電子書籍が普及してくると紙の本を読む人がいなくなるかのような極端な議論がされ、そのような取材も何度か受けたことがあるが正直うんざりした。個性が大事なはずの出版業界が、乗り遅れるなとばかりに一斉に同じ方向を向いて突き進んでいくかのような大騒ぎぶりに恐ろしさを感じたのだ。

ただこのような電子書籍への関心の高まりは、逆に、紙の本の存在意義を問い直すいい機会なのかもしれない。電子書籍の台頭によって、紙の本として残す価値のあるものをしっかり見極める契機になれば逆にいい効果を生むのではないかとも考えている。

２０１０年に『本は物（モノ）である　装丁という仕事』（新曜社）を出されたブックデザイナーの桂川潤さんをお呼びして、作品展とトークショーを開催した。ここでのお話は、まさに、紙の本の存在意義を再確認させてもらえるものであった。桂川さんは、「電子書籍を読んでみたが、文章（テクスト）がまったく頭に入っていかない」という声があることを紹介し、その原因として「テクストを視覚的に追うことが読書ではなく、テクストを主体的に編纂し、コンテクスト（状況・文脈・背景）をつくりだすことが読書である」という話をされた。

純粋な「知識としての記憶」だけではだめで、確実に記憶するためには、個人の体験に根ざした「エピソードとしての記憶」を補完する必要がある。装丁という仕事は、要はテクストに「身体性」というコンテクストを与える仕事なのだ、と説明された。編集や書籍販売といった本に関する仕事も、突き詰めれば、テクストにコンテクストを付与する作業であるという話は、とても納得がいくものであった。地方の小さな本屋も町にコンテクストや物語をつくりだす仕事と捉えれば、存在意義を感じて、楽しくやっていけそうな気がしてくる。

紙の本のいいところは、気の向いた時にまた読み返したりしやすいところだ。気に入ったり、気になったりする本は目の届く棚などに置いておけばまたいつか手にとる機会も出てくる。それが、コンピュータのデータであったらそうはいかない。いつかまたと思っていてもファイルの中にしまいこまれたまま、それっきりというケースがほとんどだろう。電子書籍も文字を拡大して読めたり、たくさんの作品を持ち運べたりするメリットはあるが、やはり読書の楽しみをそれで置き換えようという気持ちにはなれない。

フェイスブックの友達がいくら多くても、それぞれに交流した体験が希薄であれば、どこで出会ったかを思い出すことすら難しい。表面的に繋がっている友達の多さよりも、心を通わせることのできる数少ない親友のほうが大切なように、繰り返し読み返したいと思える本をできるだけ持ちたいものだ。日々流れていく膨大な情報に振り回される生活にもううんざりしている人も増えているのではないだろうか。建築家のミース・ファン・デル・ローエは、「Less is more（より少ないことは、より豊かなこと）」という名言を残したが、そんな言葉に共感する。

本屋はインディペンデントなメディア

近年、業界の環境もさることながら社会や経済の情勢もずいぶんと悪くなってきていることに心を痛めている。

政権が代わり、様々なプレッシャーをかけ続けた活動が実を結び、今や、マスメディアは見事にジャーナリズムとしての牙を抜かれてしまったように見受けられる。

言論の自由が保障されているのが戦後の民主主義社会だと、子どもの頃から教えられて育ってきた。それが、いつの頃からか怪しい雲行きに変わりつつある。言いたいことを言い合える風通しのいい社会の基盤がいつの間にか揺らいでいるようだ。社会の風潮を作り出していくことに大きな影響力を持っているテレビの世界では、情報操作なのではと感じられるような報道が最近はとみに目に付く。新聞はテレビなどに比べ速報性で劣るぶん、一歩引いて冷静な分析ができるはずだが、権力に鋭く切り込むような報道や複雑な事象を噛み砕いて解説してくれるような記事は少ない。

比較的スポンサーの影響力が小さいネットの世界では、ありとあらゆる情報が飛び交っているが、玉石混交で怪しげな情報も数多いので、鵜呑みにするのは危険だ。ミスをした人間をよってたかってたたく集団ヒステリーのような状況も日常茶飯事となっている。

そんな時に、広告に依存しない書籍は、真実を知りたいという人間の期待に応えることができるメディアとしての機能をいまだに保っている。スポンサーからの圧力が強いテレビや新聞では伝えられない内容も出版というかたちで世に問うことが可能だ。それを並べて売る本屋という職業にも、そんな社会的意義のようなものが多少はあるのではと、最近では思えるようになってきた。

本屋を一冊の雑誌になぞらえれば、並んでいる本はその中のひとつひとつの記事のようなものだ。並べる本を変えることで、まったく違うメディアを作り出すことができる。その意味では、本屋の選書・陳列は、一種の編集作業のようなものだ。もちろん読者が追いついてこないひとりよがりの編集ではまずいが、一般の人間の潜在的な関心と社会の様々な問題の接点を探る作業は常に続けていかなければならないと考えている。

7　これからのこと

本屋の跡継ぎたち

どうしても本屋がやりたくて高いハードルを何とか強引に乗り越えて来た身からすると、全国の書店の2代目や3代目で継ぐのを嫌がっている人がたくさんいるというのは信じがたいことである。

今、全国的に中心市街地の活性化が大きな課題になっている中で、その旗振り役として中心的な存在になれるのは本屋だ。継げる環境にある方はぜひ継いでほしい。ブック&カフェのような形でイベントなどをやりながら、人をつないで町づくりの中心になってほしいと切に願っている。

困ったことに、日本では「商売人」というと、時に蔑みの言葉のように使われる場合がある。しかし、商売は社会や地域にとって非常に重要な業種だ。商売が寂れていると町は活性化しない。地域のコミュニティにとっても大切な仕事だ。

近江商人の言い伝えである「三方よし」という言葉にはシンパシーを感じる。お客さんにもよく、商人にもよく、さらに世間にもよければ最高であるという考え方だ。

上）けやき通りの並木は福岡城址までつづく
下）レジ前の“本を読む招き猫”は友人が開業祝いに作ってくれた

本屋はその「三方よし」を地で行くことのできる商売だ。単に本を売るだけではなく、カフェを併設することで大人の居場所を作り、イベントで人をつなぐ、というように社会的な活動にまで広げていける。お客さんとお店はもとより、世間＝社会にいい影響を及ぼすことができる仕事なのだ。誰も彼もが大企業や役人を目指すのではなく、商売人を目指す人も増えてくればいい。そんなジャンルにもっといい人材がシフトしていくような社会になるべきだと思う。店を輝かせることによって、自分の個性を表現でき、町とつながっていくような生き方はいいよと呼びかけていきたい。

本屋というのは文化的なインフラのようなものだ。町に絶対になければならないものだと思っている。そんな草の根的なインフラを維持するための重要な拠点だ。本屋は儲けていないということは結構有名なので、逆に、あこぎな商売をやっていないという「クリーン」なイメージがある。そういう意味では、本屋は文化的で信用されるいい商売である。

そんな本屋の跡継ぎで、元気に活動をしているのが、ウィー東城店（広島）の佐藤友則さん、アルトスブックストア（島根）の西村史之さん、スタンダードブックストア（大阪）の中川和彦さん、隆祥館書店（大阪）の二村知子さん、長崎書店（熊本）の長崎健一さんといった本屋仲間である。そのなかでも特に関わりが深い長崎さんは、熊本の中心街、上通にある120年以上続く老舗書店の4代目で、最初は永江朗さんが書いてくれた『書店経営』の記事を見て訪ねてきた。当時はまだ20代半ばの若さであったが、父親の跡を継ぐために戻った店の周辺には大型書店の出店が続き、売上の減少や古参社員の掌握などに悩んでいた頃であった。その後、2006年に、店舗のリニューアルを相談された際には、インテリアデザイナーの妻を紹介し、私も品揃えのアドバイスなどで協力をした。

リニューアル後は、すっかり綺麗になった店内と歩調を合わせるように、若く意欲的なスタッフも集まりだし、店の雰囲気も見違えるようによくなっていった。数年前から開催している地元の著名人に推薦してもらった文庫を集めたフェア「La! Bunko」では、その力の入れ方に脱帽した。ブックオカでも書店員参加による文庫フェアは毎年続けているが、地域とのつながりという明確な意図を持って、ここまでお金と労力をかけてのフェアはそうそう簡単にできるものではない。様々な研修や講演会などにスタッフと一緒に参加し、常に向上心を持って勉強を怠らない長崎さんの姿勢にはいつも感心させられる。

今では、九州を代表する町の書店として全国的にも有名だ。2014年には、漱石や鷗外も通ったという伝統ある長崎次郎書店の経営を親戚から引き継ぎ、リニューアルを手掛け、生き生きと活躍を続けている。

まちづくりの当事者として

けやき通りに小さな本屋を開いた後、それに留まらず、ブックオカを始めたり、カフェを併設した店舗で盛んにイベントなどを開催したりしている。待ちの商売だった本屋の枠を逸脱し、町や地域とつながることを意識し、積極的に発信してきた。そうした活動にこだわるのは、バブル崩壊後の四半世紀の間にアメリカ型の経営原則や市場原理が急速に浸透した結果、経済だけでなくこの国の社会の在り方や人々の心までが大きく変わってしまったことに強い危機感を感じるからだ。

今や、どこの地方都市へ行っても判で押したように大手資本のスーパーやコンビニ、ファストフード店などが立ち並んでいる。郊外型メガショッピングセンターの出現によって、中心商店街はさびれ、町から活気が消え、コミュニティの弱体化によって人々は切り離されていく。県庁所在地でさえ駅前からシャッター通りが続いているような場所があるが、そんな光景は、戦後の日本が犯してしまった重大な失敗を象徴するモニュメント（墓標）のようにも感じられる。

どうして、そんな社会になっていくのかということを知りたくて、『商店街はなぜ滅びるのか』（光文社新書）の著者 新雅史さんや、『稼ぐまちが地方を変える』（ＮＨＫ出版新書）の木下斉さんらを招いてたびたびトークイベントを開催してきた。

新さんの『商店街はなぜ滅びるのか』は、伝統的な形態と思われている商店街という存在が意外にも近代に新しく作られたものであったことや、都市自営業層の隆盛から衰退にいたる歴史的背景を丹念に検証した著作だ。戦後、会社員と専業主婦という家族形態を前提にした社会保障政策や過度の規制緩和によって、自営業層や地域社会が衰退していく様子が鮮やかに描きだされている。

また、地方の中心商店街が、郊外のショッピングセンターに急激に顧客を奪われていく原因となったのが、大店法の規制緩和や日米構造問題協議で公共事業を約束させられた結果のバイパス道路建設にあったことなども明らかにされている。そんな日本の現状を克服する方策として震災を機に見直された「商店街」という概念の再活用による地域コミュニティの再生などを提案している。

小さな個人商店を経営する自身の問題意識に通じていたことがこの本を手にした最初のきっかけだった。それが、著者を呼ぶトークイベント開催にまで至った理由はこの本の「あとがき」にある。その中で新さんは、実家が北九州市の酒屋であったことや、子ども時代にその境遇を疎んじサラリーマン家庭に憧れていたことなどを素直に書き綴っている。その後上京し社会学の研究者となった現在、「両親（の生き方）に対する複雑な想い」に「自分なりに決着をつけたかった」と執筆の動機を明かしている。人文系の新書としては異例のヒット作となった背景に、そんな実体験から発した「切実な」思いがあったことに深い感銘を受けた。

一方の木下斉さんは、まだ30代半ばという若さながら、まちづくり界の風雲児と呼ばれ、著作を次々に発表し、注目を集める人物である。高校生の頃からまちづくりの実践を重ねてきたという筋金入りのキャリアを持つ。自ら各地の事業に投資して立ち上げ・運営に携わり、そうした取り組みが着実な成果をあげている。人口縮小社会を見据えながら、小さなエリアから着実にお金が回る仕組みを作っていこうという、経営者視点でのまちづくりを提唱している。補助金頼りで利益を生まない掛け声ばかりの「地方創生」に警鐘を鳴らし、民間から地域を変えようというメッセージを発信し続けている。そこにあるのは、徹底した「現場主義」であり、「身銭を切って」携わった事業の実践から導き出された鉄則を著作にまとめている。

新さんや木下さんに共通するのは、「当事者意識」を持って「切実な」思いで関わった実践経験から、結論を導き出しているという点である。そこが、説得力を持って伝わってくる大きな要因となっている。

ひるがえって地方活性化の施策といえば、どこに行ってもB級グルメやゆるキャラなど、真剣に地域の未来を考えているとは到底思えないようなものばかりが目に付く。目先の話題や利益が優先で、横並びの無責任体制によってどうでもいいようなものばかりに多額の税金が投入されている。「身銭を切らない他人の金」という感覚があるので、無責任な体質が生まれ、自分たちの持つ資源を探る地道な検証作業をしようとはしない。

喜んでくれるお客さんを集め、きちんと事業をまわし、町をよくすることに少しでも貢献できる事業家精神を持った「当事者」がもっと増えてくることでしか、地方は活性化しない。

我々みんな小商い

最近、「小商い」という言葉がブームのようになっているが、個人レベルで開業しようと思えば、よほどの資産家でもない限り必然的に小さく始めるしかない。そういった意味では、「小商い」は、以前から普通に存在していたことだ。そのような「小商い」を始めようとする人は、最初は普通、各地にある商工会議所などを訪ねていけばよい。商工会議所は、半ば公的な組織なので、うまく活用すれば相当実践的な知識をほとんど無料で得ることができる。ありがたい施設なので利用しない手はない。

私は、独立開業を目指す人には、資金を借り入れることを過度に恐れるなとアドバイスしている。何でも低予算でやろうとすると、内装費がほとんどかけられなかったり、品揃えが中途半端なものになってしまいがちだ。豪華な内装や過剰な在庫は必要ないが、最低限チープな感じが出ないようにはしたい。デザインで補える部分もあるが、やはりかけるべきところにはかけるべきで、無理のない借金は事業の目標にもなる。

私が本屋を始める際は、まわりから散々やめたほうがいいと言われた。数キロ圏内に大型書店がひしめく九州一の繁華街があり、小さな町の書店がどんどん消えていっているのは事実なので、そう言われるのも無理はないと今となっては思える。でも、どうしても本屋をやってみたいという気持ちを抑えることができなかったので、調査や準備を重ね何とか壁を乗り越えてきた。

その際に考えたことは、何も大型書店と競り合おうと思って始めるわけではないということだ。品揃えを磨き、それを気に入ってくれるファンを店が成り立つレベルで集めればいいと考えれば気が楽になる。たとえて言えば選挙活動のようなもので、もともとの地盤や資金のある人は当然有利だが、それがないと絶対に当選は無理かというとそうでもないというのに似ている。政策や人柄などを地道にアピールすることで支持を集め当選にいたる道も残されている。

だから、自分の頭で徹底的に考えて調べ、結論を出すことが重要で、世間で言われている「一般論」をあまり鵜呑みにしないことも大切なことと思える。『だれも買わない本は、だれかが買わなきゃならないんだ』（晶文社）という本で当店を取り上げてくれた都築響一さんも、「大人になったら、周囲の大人の話にいかに耳をふさぐかの訓練が必要になってくる」と語っていた。

自分の感覚を信じ、それを一生懸命に伝えることによって、反応してくれる人を集め、最大限におもてなしをしてリピーターになってもらう。書店でもトークイベントでも基本的にはこんなサイクルの繰り返しを日々続けている。

本屋志願の若者たち——ブック&カフェはまちづくりの中心になれる

新規に新刊書店を開く人が少ないからだろうが、ときどき、本屋開業志望の人から相談を受けることがある。そんな時は、身も蓋もないようだが、まず最初に「お金が掛かるよ」と言うようにしている。

ある時も、東京で書店員をしていたが、地元に戻って本屋開業を目指しているという人から会ってほしいと電話があった。例によって、先にお金の話をしたところ、その人は、「今は資金がないが何とかしたい」と答えた。そこで、取次の保証金（35頁参照）のことを尋ねたところ知らないと答えたので、もう少し調べてから来なさいと言ったら、「あなたは若者の夢を潰すんですか！」と逆切れされたことがある。「他人に潰されるくらいの夢なら持たないほうがいいよ」と言ってやりたかったが、ネット社会でSNSなどが普及しているからだろうか、気楽に相談してくる人も多い。

どんな業種でもそうだが、店舗を始めるには、内装費や什器代などに結構な経費が掛かる。それに加え本屋の場合は、初期在庫の仕入や取次への保証金などが大きな負担になってくる。小さな本屋が次々に消えている現在、イニシャルコストがかなり掛かるうえ、多額の保証金まで払って本屋を始めようとする人がほとんど現れないのも不思議はない。

　ただ、お金が掛かるのは確かだが、始める方法はいくらでもある。読書会を続けるうちに、この地域に本屋が必要だという運動をＮＰＯ法人を立ち上げて始めてみるのもいいだろう。今流行のクラウドファンディングやサポーター・賛助会員制度などで資金を集めることだって可能だ。大分のカモシカ書店のように最初は古本屋から始めて、実績を積んだ後、取次と契約するという方法もある。本当にやりたかったら、あの手この手で可能性を探すことが大事で、そんな活動を通じて徐々に人を巻き込んでいくことで実現に近づいていくのだと思う。

　ブック・コーディネイターの内沼晋太郎さんも２０１２年に下北沢の本屋Ｂ＆Ｂを開業した際、保証金を下げてもらえるよう取次の役員の前でプレゼンをしたと言っていた。翌年『本の逆襲』（朝日出版社）という本を出版した際には、当店と長崎書店、明林堂書店大分本店をつないでの九州ツアーも行った。そのトークイベントの席でも彼は、「最近は雑誌で本屋の特集も多いし、本屋をやりたがっている人も多いはずなのに、閉店ばかりが目立ち開業する人が極端に少ない。そんな状況を何とかしたい」と語っていた。

2014年の夏、東京で開催されたNPO法人本の学校の「いま、本屋をやるには」と題したシンポジウムに呼ばれて参加した。その席で、新規開業が増えないのは、取次の取引条件が厳しすぎるのが大きな原因だという指摘をした。その後、タイミングよく、相次いで開業の相談を受けたので、両方ともそのシンポジウムで司会をしたトーハンの水井都志夫さんに仲介してもらった。その結果、保証金がだいぶ下がったので何とか開業をサポートすることができた。山口県の周南市と福岡県うきは市の事例で、両方ともカフェ併設の店舗だった。

山口県周南市徳山に2015年の7月にできたbloom & dreamという店は、1階と2階で110坪ぐらいある物件だが、本屋と雑貨屋、カフェ、花屋、美容室の複合ライフスタイルショップだ。オーナーの松本健一朗さんからの依頼を受けて、スタッフの研修を含め本屋部門である市庭（いちば）BOOKSの立ち上げを全面的に手伝った。

彼は元々、東京の人間だったが、地元徳山出身の奥さんに誘われて30代半ばで移住した、いわゆるIターン組だ。ある時、商工会議所が募集していた「タウンマネージャー」に応募した。そこで、まちづくりに関心をもつ友達ができたので、徳山を盛り上げようという話になり、まず、まちづくりの会社を作った。そこで具体的に町に何が足りないかということを話し合った結果、人が集えるカフェが欲しいということになり、パン工房まで併設したカフェを作ってしまったのだという。彼らもまったくの素人からのスタートだったが、これが当たった。

そこがうまくいったので、今度は役所の人から、銀行の跡地を使わないかという話が来た。昔ながらの商店街がさびれてしまったケースは全国のいたるところにある。そういった地域では、元気に起業するプレーヤーが出てくると応援してくれる人が現れるようだ。資金面では、役所が中心市街地再生事業の助成金の申請まで手伝ってくれるという話になって、半分ぐらいをその助成金からまかなうことができた。さらに、地方銀行が作った地域創生ファンドからもお金を引っ張ってくることができたのだ。

もちろん、これは稀有な例だ。助成金ひとつにしても、慣れた人や行政の担当者に手伝ってもらわないと、とてもではないが素人ひとりではできない。最初に商工会議所に飛び込んだことが、とてもラッキーだったわけだ。

衰退している地方都市は、感度のいい人が集う場所が少ないので、店に通うことをライフスタイルの一部として取り込んでいる人が増えているそうだ。ブック&カフェが町の中心になれることを証明しつつある実例である。

もう一つは福岡県の南部、うきは市吉井町というところで、2015年9月にオープンしたMINOU BOOKS & CAFEだ。オーナーの石井勇さんとは以前から知り合いだったので、開業にあたってはいろいろとアドバイスをした。30坪ぐらいの物件だったが、家賃がかなり安いうえ、すぐ隣には商店街の駐車場があり車が停め放題という条件を聞いて成り立つだろうと考えた。

周辺は白壁土蔵が残る古い町並みで、とても雰囲気のいいところだ。最近、その周辺では地域活性化の試みが盛んで、移住者も増え、生産者同士の横のつながりもある元気のいい地域でもある。そこに本屋ができてカフェもできたということで、やはりいろいろな人が集える場として早くも地域の人をつなぐ重要な拠点になっている。

これらの例のように、ただの本好きではなく、数字的な部分でもしっかり計画が立てられるプロデュース能力のある人材であれば、地方都市で圧倒的に注目を集め、人が集まる中心地を作っていける可能性は充分ある。そのような人材は業界の中にもたくさん眠っているはずだ。新しくそんなチャレンジをする人にとっては、昔栄えた地方の中核都市などは魅力にあふれた未開拓の原野のようなものだろう。これからは逆に、東京から地方に一旗あげに行く時代ではないかと思う。

たしかにお金も掛かるしリスクもあるチャレンジかもしれないが、地域と結びついて身の丈で生きる人生には、何ものにも代えがたい精神的安心感がある。そんなジャンルに飛び込む覚悟を持った若い世代が増えてくることが、本当の地方創生につながっていくはずだ。

「読書について」というストレートな質問について

今どき本屋を開業する人間などほとんどいないということだろう。ありがたいことに開業以来、数多くのメディアに取り上げていただいた。その際、「あなたにとって読書とは」といった非常にストレートな質問を受けることがあった。本を読むことは空気を吸うように自然なことと感じていたので、改めて考えたこともなかったが、情報を得るツールが多様化してきた現在では、本を読むこと、特に紙の本を読むことの意味が改めて問われているようだ。「読書の効用について語ってください」などという依頼もよくあるがこれにも困ってしまう。もちろん効用など考えて本を読んでこなかったからであるが、よく聞かれるので、これについても少しは考えてみるようにしている。

自身にとって読書のイメージとしてまず浮かぶのは「食事」である。食べることが大好きということもあるが、人生にとって食事の持っている意味は、単なるエネルギー補給という以上にとてつもなく大きい。体や健康を作るのも食事しだいだ。食べやすいからといってインスタントな加工食品ばかりを食べ続けていると確実に体は弱っていく。何よりも食事は一日の生活の楽しみであるし、味覚の発達は生活の楽しみを拡張させてくれるものである。子どもの頃苦手だと思って手を出さなかった食品で、おとなになって大好物になったものもたくさんある。

また、本は、古今東西の人間の叡智や体験などが詰め込まれたパッケージだ。単純に人生の役に立つというメリットがある。アドラーは、人間の悩みのすべては人間関係に起因していると述べた。小さな人間関係のなかで行き詰っているのなら、本を読むことで、そんなことで悩んできたのは自分だけじゃないと知ることもできる。高校時代の自分がまさにそうだった。外や未来にもっと自由で伸びやかな世界が拡がっていると想像できれば現実を乗り越えていく勇気や希望が湧いてくる。鬱屈した感情を解放してくれるお気に入りの小説や詩、エッセイなどを持っていれば精神安定剤としての効用もあるだろう。

本を読まなくても生きていけるが、私自身は本を読んできたことで、確実に人生が楽しくなったという実感は得られている。

読書の効用として最も重要だと思えるのは、読書は考える習慣だということだ。自然や社会の成り立ちに疑問を抱き、人生の不思議に思いをはせるとき、人はおのずと書物に向かう。そして読書という行為を通じ、自問自答することの大切さを学ぶ。そんな習慣が読書の最大の効用ではと思える。

読書に関して書かれた文章の中で今までに一番しっくりきたのが、イタリアの文学者ジャンニ・ロダーリの次の言葉だ。

「みんなに本を読んでもらいたい、文学者や詩人になるためではなく、もうだれも奴隷にならないように」

おのれの頭と体を使って自問自答することの大切さを、シンプルな言葉でこんなに見事に言い切った文章は、やはり文学者や詩人にしか書けないと感動した一文だ。

11時間の車座トークが本になった！

10回目を迎えたブックオカの集大成として2015年11月に2日間にわたって開催したのが、「車座トーク　～本と本屋の未来を語ろう」だ。「福岡を本の街に」という威勢のいいキャッチフレーズを掲げ10年続けてきたブックオカだったが、その間、業界では売上が下がり続け、書店の数も加速度的に減り続けている現状に実行委員会のメンバーももどかしさを感じていた。「本を売る・つくる」仕事はこんなに面白いのに、なぜこんなにネガティブな話題が多いのか。メンバーには、そんな素朴な疑問があったのだ。

そこで、一度はまじめにこの業界の問題点や未来を語り合ってみよう、と企画したのが「車座トーク」だった。ただ、最近よくある顔見せ的な本屋トークで終わらせたくなかった。やるなら徹底的にということで、5時間×2日間のマラソントークを設定。実行委員会で事前の準備会を7、8回ほど開催し、パネラーの人選も同時に進めていった。

その過程でわかってきたのは、書店・取次・出版社という業界の三者が、立場の違いから、お互いの仕事の仕組みや考え方をよく理解できていなかったということだった。そこで、そのわからなさを素直にぶつけ合い、「そもそも論」から始めて、行きつ戻りつしながら議論を深めていこうということとなった。最終的に大まかなテーマとパネラーの顔ぶれが以下のように決まり、あとは本番を待つばかりとなった。

1日目　大テーマ　ふしぎなふしぎな出版流通／小テーマ　書店と出版社はいま何を望んでいるのか／取次って何だろう？／直システムの衝撃／「配本」「注文」「返品率」

2日目　大テーマ　本と本屋の未来を語ろう／小テーマ　いま書店を起業するということ／海外の書店流通の現状／街で本屋が生き残っていくためには

・パネラー　中川和彦（スタンダードブックストア）、辻山良雄（本屋Title）、佐藤友則（ウィー東城店）、徳永圭子（丸善）、大井実（ブックスキューブリック）、水井都志夫（トーハン）、小野雄一（日販）、工藤秀之（トランスビュー）、野村亮（まこと）（弦書房）、星野渉（文化通信社）

・司会　藤村興晴（忘羊社）、末﨑光裕（西日本新聞社出版部）

東京や大阪、広島などからも参加していただいたパネラーは、司会者を含め最終的に12

人になった。書店・取次・出版社という業界三者が一堂に顔を合わせる画期的な会となった。というのも、このような公開の話し合いの席に、取次の人間が参加するのはきわめて珍しいことだからだ。取次は書店、出版社双方からの集中砲火を浴びるのを恐れてめったなことではこのような会には参加しない。ただ今回は、業界の愚痴や批判を言い合うのではなく、あくまで問題点を共有して未来を探るための会にするという趣旨に理解を得て、快諾いただいた。

出版社側のパネラー候補として最初に決まったのは、トランスビューの工藤さんだった。書店と直取引の仕組みで開業し、最近ではそのシステムを他の出版社にも開放した取次業務まで始めている。彼の話をブックオカ実行委員会メンバーがじっくり聞いてみたいということがそもそものスタートとなっている。

書店サイドの出席者は、基本的にわれわれの本屋仲間である。スタンダードブックストアの中川さんは、ちょうどパネラーの候補を考えていた頃に、「ブックオカを見学したいのだが、どのイベントがいいか」と連絡があったので渡りに船とばかりにお誘いした。それと、2015年の1月に東京の荻窪に開業して大きな話題となっている本屋Titleの辻山さんには、開業直前の忙しい時期であったが参加してもらい、具体的な数字の入った貴重な開業用資料まで公開してもらった。

『文化通信』の編集長である星野さんは、東京で私の講演の司会をしていただいたご縁で、半ば強引に声をかけさせてもらった。会の冒頭の「日本の取次システムは、すでに崩壊している」という発言は、会をピリリと引き締めるのに充分な一言だった。２日目には、ドイツの書店・取次事情を詳しくリポートしてもらった。独立系小書店の開業が相次ぎ、業界一丸となってアマゾンに対抗する手段を打ち出すドイツの書店の元気な姿は、今後、日本でも目標とすべきモデルであることを確信させられた。

参加者も多いし、議論する時間も長い。「朝まで生テレビ！」さながらの討論形式だ。はたしてうまく議論が進むのか、蓋を開けてみるまでは不安でいっぱいだった。ところが、個性あふれる各参加者の発言は、司会を務めた藤村・末﨑コンビの絶妙な采配によって見事にかみ合い、実りのある議論を深めつつ、大盛況のうちに2日間が無事終了した。１日目の終了後には、近くの居酒屋を貸しきって懇親会が催され、さらに5時間ちかく飲みながらの侃々諤々（かんかんがくがく）の議論が繰り広げられた。11時間（議論が白熱したため1時間延長された）＋５時間で計16時間ぶっ通しでしゃべり続けたことになる。クレージーかつ濃密な至福の２日間であった。

熱い会議の模様は、『本屋がなくなったら、困るじゃないか　11時間ぐびぐび会議』という本にまとめられ、翌２０１６年の７月に西日本新聞社から刊行された。あれだけの長い議論をほとんどカットすることなく、2000円を切る価格で纏め上げた藤村・末﨑編集コンビの手腕には、またもや驚かされた。

おかげさまで、発売1ヶ月で重版が決まるなど、好調に販売を続けている。出版・書店関係者のみならず、関心のある学生さんなども、コンパクトに業界の現状を識ることのできるテキストのような本なので、今後もコンスタントに販売していけそうだ。業界の構造的な問題を徹底的に〝明るく〟〝未来に向けて〟話し合った2日間の記録をまとめたブックオカ10年間の集大成にふさわしい本が出来上がった。

この本の最後には「九州でシンプルに本をつくりシンプルに本を売る仕事を続けていくための構想案」と題した宣言文が掲げられている。かつて店売が担っていた出版社の新刊を集めたショールーム機能の復活や、スムーズな受発注の仕組みを担う拠点づくりなどを構想している。九州の中だけでも元気な出版社や書店が増えていくことを目指し、できることからやっていこうという目標を掲げたものだ。今後、この宣言をどこまで実現していけるかが問われているが、ブックオカも次のステージに向かって歩きだした。

『夜と霧』の読書会

日常業務に追われなかなか実現できずにいるが、常々、定期的に読書会をやりたいと思っている。過去何度かは開催しているが、数年前に初めて行った読書会はとても印象に残っている。

それは現在、東京で「文学アイドル」として活躍中の西田藍さんが西日本新聞に書いた一篇のコラムがきっかけだった。西田さんは若い頃からモデルとして活躍をしていたが、福岡の高校時代は不登校になり、図書館にこもって本ばかり読んでいたという。そんな時期に自分を救ってくれた本として彼女があげていたのが『夜と霧』（みすず書房）だった。

記事を読みながら、彼女と一冊の本との出会いに興味を刺激された。コラムの中に、ときどき、その図書館からほど近いうちの店で立ち読みをしていたという記述があったので、これはなにかの縁と思い新聞社の人から紹介してもらった。そして、『夜と霧』の読書会をしませんかと提案したところ、立ち読みしていた弱みがあったからか承諾してもらい無事開催の運びとなった。

『夜と霧』は、精神科医であったヴィクトール・フランクルが、第2次世界大戦中のナチスのユダヤ人強制収容所から奇跡的に生還を果たした体験を綴った世界的なベストセラーだ。日本でも1956年にみすず書房から霜山徳爾の翻訳で出版され、2002年には池田香代子による新訳版も刊行されている。重たいテーマながら、日本だけでも旧訳と新訳合わせて累計100万部が発行されている、時代を超えたロングセラーだ。強制収容所という人類史上でも類がないほどの悲惨な環境の中で、簡単に絶望して死んでいった囚人と、最後まで希望を失わずに生き延びた囚人との違いは何だったかということが精神科医らしい冷静な観察により克明に記されている。

私もこの読書会の前に初めて最後まで読み通した。前半は過酷な体験の記述が続き正直つらかったが、後半になると、「過酷な境遇の中でも人間はいかにして希望を失わずに生き続けることが可能か」というフランクルの人生論とも言える洞察がつぎつぎに展開され、どんどん引き込まれていった。書店業界などというビジネスの中でも厳しい現実を突きつけられている場所で悪戦苦闘しているわが身に当てはめて読むことで、ヒントを得られたような思いがあったのだ。

当日は20人ほどの参加があった。だいぶ以前に読んだが、これを機会にもう一度読み返してみたという年配のお客さんも多く参加していた。西田さんがこの本をどう読んだかという話に続き、参加者にも、どの部分に一番共感したかということを語ってもらった。そうするとかなりの人が、「人生から何をわれわれはまだ期待できるかが問題なのではなくて、むしろ人生が何をわれわれから期待しているかが問題なのである」という箇所をあげていたのが印象的であった。

日本では、東日本大震災以降、フランクルの著作に再び注目が集まっている。困難な現実に直面させられた時、それを乗り越えるヒントを与えてくれるという意味では、彼の著作は極めて実用的である。一流のビジネス書として読み解くことも可能な書物である。その後ブームになったアドラーを読んだ時にも同じような印象を持ったが、それも当然でフランクルはアドラーの影響も受けていたという。

フランクルは「どんな時も、人生には意味がある」と説き、重要なのは、それぞれの運命に向き合う態度であると述べている。それぞれの人にとって人生は個別であり、「生きる意味」もまた個別だ。他人と比較したり、幸不幸に一喜一憂したりするのではなく、真摯な姿勢で、どんな状況でも一瞬一瞬を大切にして生きる。生きがいを探して生きるのではなく、目の前の現実を受け入れ、与えられた使命を感じながら生きることが空しさから逃れる道だとフランクルは考えるのだ。

　本屋になりたいという目標を達成したものの、その後は悪くなるばかりの業界の環境に心を痛めることもある。そんなときにフランクルの言葉はストレートに心の奥に響いてきた。

　精神的に一番大変だった高校時代を過ごした場所に戻って来て、そんな時代に自分を救ってくれた本や文化の魅力を伝えていくことが自分に期待されている仕事なのだ。そうシンプルに考え、これからも本を手渡す日々の商いを続けていきたい。

あとがき

本文にも書かせてもらったが、私にとって晶文社は特別な出版社だ。大学1年の時に初版で買った『就職しないで生きるには』から受けたインスピレーションが、結果的には本屋開業を後押ししてくれることになった。ある意味で、人生を決定付けた本とも言えるが、最初に読んだ時はそこまでは感じず、何十年かたってその意味に気がついたというのが面白いところだ。日本語版の発売からすでに35年以上、品切れ・絶版にせず、いまだに本屋の店頭で購入できる状態を保ってくれている晶文社の姿勢には頭が下がる。

その他にも、本書で登場する『仕事!』『ぼくは本屋のおやじさん』『子どもの本屋、全力投球!』『自分の仕事をつくる』『だれも買わない本は、だれかが買わなきゃならないんだ』など、その時々で意味を持って出会ってきた晶文社の本は数多い。縁があったということだろうが、本を書くという作業によって改めて過去を振り返ってみると、人生にはこうした縁や伏線が無数に張りめぐらされていたことに気がつく。

学生時代に夢中になって読んだ『POPEYE』や『BRUTUS』の特集に惹かれて渡ったイタリアで体験したことは本屋開業の大きな伏線になった。バブル時代の東京で違和感を抱きながらもがむしゃらに働いたことも、仕事に役立つスキルを身につけさせてもらったという意味で、今に至る伏線である。

戻ってくることなどまったく思い浮かばなかった福岡に、高校の同級生との結婚を機にUターンすることになったのも不思議な縁と伏線である。そのきっかけになったのも『アルケミスト』という一冊の本だった。

あまり馴染めなかった高校だったが、こんな仕事をしているうちに、2人の芥川賞作家（岡松和夫、藤原智美）と2人の直木賞作家（原尞、白石一文）を輩出しているという事実に気がついた。その他にも、『神聖喜劇』の大西巨人、『復興期の精神』の花田清輝といった錚々たる文科系人材を輩出していることもわかり認識を新たにした。同時に、商売や子育てを通じて、若い頃には見えなかったヒューマンスケールの町、福岡・博多の魅力も今ではよくわかるようになった。

これらの経験から、ものごとには、その時点でそう思えなくても、時間がたってから意味を帯びてくる出来事がたくさんあることを学んだ。だから大事なのは、『夜と霧』のフランクルが言うようにその瞬間、瞬間に向き合う個人の態度なのだろう。あまり頭で短絡的に考えすぎず、縁や意義を感じられるものに「自分の仕事」と思って取り組むことが重要だと実感する。

先にも、楽しく本屋を続けてきたと書いたが、業界の環境が年々悪くなる中での経営は当然ながら楽ではない。ただ、経営者になって唯一よかったと感じるのは、「誰のせいにもできない」ことを学んだことだ。投資に見合わない大変な仕事だと、わかっていながら本屋を開いたのも自分だし、その事業に家族やスタッフを、さらにブックオカという試みにまで多くの人を巻き込んでいるのも自分だ。

誰のせいにもできないと覚悟することからしか自分の人生に責任を持つことはできない。フランクルも、天から与えられたと思える使命を遂行するのが、空しさから逃れる唯一の方法だと述べている。そんな自分の仕事だと思える本屋という職業を持てたことに今では心から感謝している。

自分の居場所を作りたかったと「はじめに」に書いたが、今では、その居場所が少しずつ広がり、それに関係する人たちも増え、彼らや社会に対する責任も少しずつ自覚するようになってきた。30代から50代へと至る意識の違いはこんなところにあったのである。

最後に、この本を書くことを勧めてくれた晶文社の島田孝久さん、関わってくれた編集の斉藤典貴さん、営業の片桐幹夫さんはじめ社の皆さん、装丁をしてくださった平野甲賀さん、校正をしていただいた牟田都子さんに感謝します。そして、最終的に企画を提案し編集を担ってくれた福岡在住の元・晶文社の大河久典さんには、原稿の遅い私を辛抱強くサポートしてもらい感謝の言葉もありません。

また、いつも、私のわがままに付き合ってくれる妻や娘、双方の両親、店のスタッフ、ブックオカの仲間たち、出版社や取次の方々、店を支えてくださる地域のお客さんやメディア関係の方々。その他、出会ったすべての皆さんに感謝します。

あまりうまくいっていませんが、『赤頭巾ちゃん気をつけて』における薫くんの兄貴のセリフ「みんなを幸福にするにはどうしたらいいのか」を常に考えているつもりです。

ご読了ありがとうございました。

2016年12月　ブックスキューブリック店主　大井　実

著者について

大井実（おおい・みのる）

一九六一年、福岡市生まれ。同志社大学文学部卒業。東京、大阪、イタリアなどで、ファッション関係のショーや現代美術の展覧会などの企画・制作に携わった後、二〇〇一年、福岡市のけやき通りに新刊書店ブックスキューブリックを開業。〇六年、いまや全国各地に広がるブックイベントの先駆けとなった「ブックオカ」を有志とともに立ち上げ、実行委員長を務める。〇八年に、カフェとギャラリーを併設する箱崎店をオープン。一六年には同店内にベーカリーを開設。トークイベントや展覧会を次々に開催しながら、本を媒介に、人が集い、町と人をつなぐコミュニティづくりへと活動の枠を広げている。

ローカルブックストアである
——福岡 ブックスキューブリック

二〇一七年一月三〇日　初版
二〇二〇年九月一〇日　三刷

著者　大井実
発行者　株式会社晶文社
東京都千代田区神田神保町一―一一　〒一〇一―〇〇五一
電話（〇三）三五一八-四九四〇（代表）・四九四二（編集）
URL http://www.shobunsha.co.jp
印刷・製本　中央精版印刷株式会社
DTP　株式会社キャップス

ISBN978-4-7949-6951-4　Printed in Japan

好評発売中

口笛を吹きながら本を売る　柴田信、最終授業　石橋毅史

書店人生50年。85歳の今も岩波ブックセンターの代表として、神保町の顔として、書店の現場から〈本・人・街〉を見つめつづける柴田信さん。柴田さんの書店人生を辿り、本屋と出版社が歩んできた道のり、本屋の未来を考える礎、これからの小商いの在りかたを考えた、渾身書き下ろし。

荒野の古本屋　森岡督行

写真集・美術書を専門に扱い、国内外の愛好家から熱く支持される森岡書店。併設のギャラリーは新しい交流の場として注目されている。これからの小商いのあり方として関心を集める古本屋はどのように誕生したのか。オルタナティブ書店の旗手が綴る、時代に流されない生き方と働き方。

ボクと先輩　平野太呂

気鋭の写真家が、古いカメラを相棒にして、あこがれの先輩たち36人に会いにいった。デザイナー、音楽家、写真家、建築家、俳優、恩師……。自然光の中で撮られた180葉の写真と、ほがらかな文章でつづるフォトエッセイ。雑誌『ポパイ』の人気連載が単行本化。

あしたから出版社　島田潤一郎

「夏葉社」設立から5年。こだわりぬいた本づくりで多くの読書人に支持されるひとり出版社はどのように生まれ、歩んできたのか?　編集未経験で単身起業。ドタバタの編集と営業活動。忘れがたい人たちとの出会い……。エピソードと発見の日々を心地よい筆致でユーモラスに綴る。

ぼくは本屋のおやじさん　早川義夫

本と本屋が好きではじめたけれど、この商売、はたでみるほどのどかじゃなかった。それでも、楽しくやっていくのが仕事なんだ!　注文や返品、仕入れに追いまくられる毎日、はたまた立ち読みの対策などなど、小さな町の小さな本屋のあるじが綴る書店日記。1982年刊行の大ロングセラー。

自分の仕事をつくる　西村佳哲

「働き方が変われば社会も変わる」——魅力的な働き方をしている人びとの現場から、その魅力の秘密を伝えるノンフィクション・エッセイ。他の誰にも肩代わりできない「自分の仕事」こそが、人を幸せにする……。働き方研究家による、新しいワークスタイルとライフスタイルの提案。

就職しないで生きるには　レイモンド・マンゴー　中山容訳

嘘にまみれて生きるのはイヤだ。納得できる仕事がしたい。自分の生きるリズムに合わせて働き、本当に必要なものを売って暮らす。小さな本屋を開く。その気になればシャケ缶だってつくれる。頭と体は自力で生きぬくために使うのだ。ゼロからはじめる知恵を満載した若者必携のテキスト。